Marie le Sueur

Bagues en cristal
Dentelles de perles

Le Temps Apprivoisé
7, rue des Canettes
75006 Paris

Photographies : Sylvie Vernichon

Photogravure : Chromographique

Imprimé en Italie par Canale

Dépôt légal : mai 2005
ISBN : 2-283-58634-8

Sommaire

Technique et matériel

Le tissage de perles à l'aiguille

Grâce à cette merveilleuse technique, vous pouvez créer chez vous, juste avec du fil, une aiguille et des perles, des bijoux que vous serez fière de porter ou d'offrir. Il importe néanmoins de choisir les bons matériaux :

Le fil est en nylon, à plusieurs filaments parallèles (marques C-lon ou Nymo). Vous aurez besoin, pour les modèles proposés, d'une taille moyenne (D). Ne faites jamais de nœud, n'utilisez pas de colle avec les perles.
À chaque étape, il est important de bien tendre le fil : comme vous utilisez des perles en cristal et des apprêts (les parties métalliques : sertissures, grilles à broder) un peu coupants, tendez-le avec douceur.
Avec des perles en cristal de plus de 4 mm, il faut remplacer le fil spécial tissage par du fil de pêche (taille 0,20) ; c'est vrai également pour les anneaux de bague en perles, à moins qu'ils ne soient construits en points serrés, avec de très petites perles.

Les aiguilles à perles, longues et fines, servent à cueillir les perles dans le plateau autant qu'à les enfiler et les « tisser » ; leur taille est indiquée par un numéro d'autant plus élevé que les aiguilles sont fines : prenez des aiguilles n° 10 ou 11 pour commencer, des aiguilles n° 12 ou 13 dès lors que vous utilisez des micro-rocailles (taille 15/0) et pour les finitions. Les aiguilles n° 11 sont un très bon compromis lorsqu'il faut du fil de pêche.

Les perles doivent être à la hauteur ; les rocailles ordinaires n'offrent ni la beauté, ni la régularité des rocailles japonaises ; les perles en cristal de qualité médiocre risquent d'être trop coupantes. Seules les micro-perles japonaises (cylindriques, comme les « Delica » ou les très petites rocailles de taille 15/0) et le cristal autrichien sont utilisés ici.

Les aiguillées de fil : enfilez l'aiguille à 20 cm d'une extrémité, ne détachez pas l'autre de la bobine, commencez votre motif sur le fil à une distance d'un bras de l'aiguille.
Lorsqu'il vous reste environ 20 cm de fil, vous pouvez estimer ce qui vous manque pour finir, vous le trouvez à l'autre extrémité de la bobine : coupez-le (1 m suffit largement), conduisez-le dans les perles par les chemins les plus courts jusque là où vous en étiez. S'il vous manque du fil, reprenez tout simplement une nouvelle aiguillée : vous en rentrerez les deux extrémités à l'étape « finition ».

Les finitions : à cette étape primordiale, vous rentrerez les extrémités du (ou des) fils dans les perles, en suivant les mêmes chemins que lors de la construction du bijou : il prend alors de la consistance. Vous consoliderez particulièrement les points fragiles : grosses perles en cristal, sertissures. Lorsque vous montez une bague sur une grille à broder, rentrez d'abord un peu les fils, brodez solidement le motif sur la grille à broder, puis finissez de rentrer les fils dans le motif.

Les anneaux de bagues

Vous pouvez utiliser des supports de bague en métal ou réaliser l'anneau en tissage de perles ; certains montages proposés peuvent être plus adaptés que d'autres au motif choisi.

Les supports de bague en métal

Les supports vendus dans le commerce comportent toujours des anneaux ouverts, pour pouvoir s'adapter à toutes les tailles de doigt.

Les supports à coller

Un plateau généralement rond est soudé sur l'anneau. Utilisez ces supports à chaque fois que le centre du motif comporte un élément en métal (perle en métal ou sertissure), ou sur les boutons en nacre. Rentrez bien les fils et coupez-les à ras.

Une colle à deux composants spéciale pour verre et métaux assure toute la solidité nécessaire si vous suivez bien les instructions du fabricant. Ne mettez jamais de colle sur les perles du motif !
Ces supports sont préconisés pour :

Iseult et Thalie

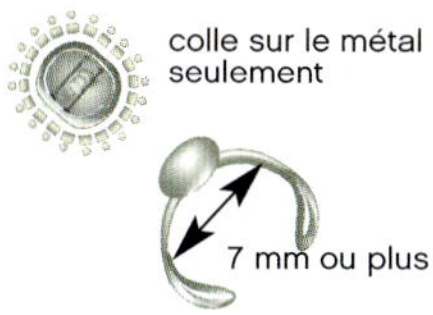

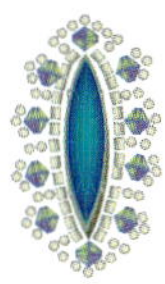

Isis, Horus et Seth

Suraj

Suraj et Alwena : fixez solidement le bouton sur les perles E, rentrez les fils, coupez-les ras et collez le bouton sur le plateau de l'anneau métallique.

Les supports à broder

En une partie : une grille à broder est soudée sur l'anneau.
Ces supports présentent le double intérêt d'être plats et de n'exiger aucun outil. Ils sont recommandés pour :
Teïla, Yashoda, Bohaï, Tiya, Amon : renforcez les motifs pour leur donner de la consistance, puis cousez-les sur le cercle de trous extérieur de la grille comme vous le feriez sur du tissu, en passant alternativement dans une perle du dernier rang et dans un trou. Rentrez bien les fils dans le motif et coupez-les ras.

Teïla

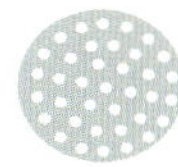

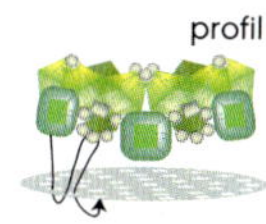

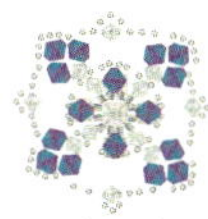

Yashoda

Bohaï

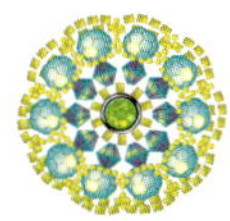

Tiya

Amon

Tehuacan : procédez de la même façon, en passant dans les 30 Delica de la base du motif.

Tehuacan

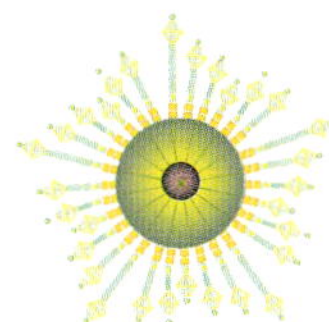

En une partie à filigrane
- Le plateau est une dentelle de métal dont les trous peuvent s'utiliser comme ceux des grilles à broder.

Ahau

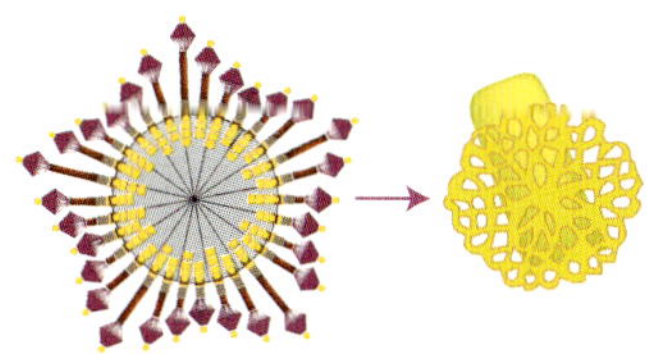

Ahau : fixez le motif sur la grille en passant alternativement dans une des 30 Delica montées au départ, et dans la grille. Renforcez le motif pour lui donner de la consistance et coupez les fils ras.

- L'anneau lui-même est en métal filigrané.

Shiva

Shiva : reliez les 4 perles « cubes » qui forment la base du motif au plateau de l'anneau, renforcez, et, en rentrant les fils, cousez les bords du motif sur les bords du plateau du filigrane.

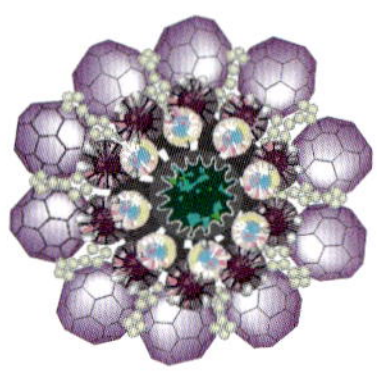

Candomblé Itzam

Candomblé, Lemanja, Longshaï : procédez de la même façon, en fixant le motif sur l'anneau à partir des perles posées au dernier rang.
Ahau : vous fixerez le motif sur l'anneau en vous basant sur le 1er rang construit, comme pour Itzam.

Philaë

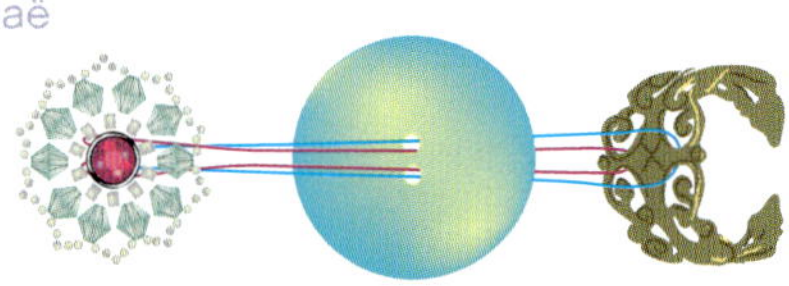

Elven, Philaë : dans ces cas, la fixation passe par le centre du motif, que vous reliez très solidement au centre du filigrane en piégeant le bouton. Lorsqu'il n'y a plus de jeu, rentrez les fils et coupez-les ras.

En deux parties : un anneau à plateau muni de griffes et une grille à broder.
Ces supports de bague exigent que vous disposiez d'une paire de pinces plates : après avoir consolidé le motif, cousez-le solidement sur la grille à broder, rentrez les fils dans le motif, puis mettez la grille en place sur le plateau et rabattez les griffes avec les pinces.
Il existe toutes sortes de grilles, dont les trous sont plus ou moins grands, centrés ou non.

Nout

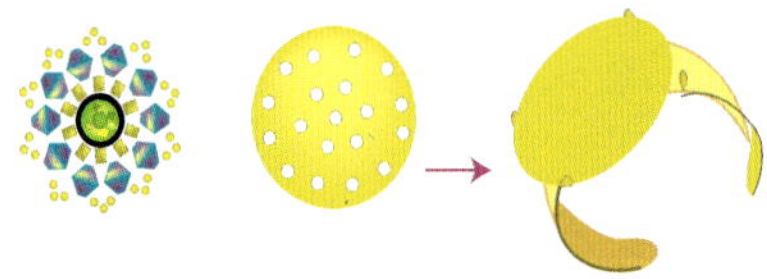

Olympe

Cousez Nout en fixant le motif par le centre, puis par des perles placées au dernier rang.
Olympe doit être fixée sur la grille par les perles du dernier rang sur les trous extérieurs de la grille.

Les anneaux en perles

Montage du motif sur bouton

Naïade, Maïtreya : reliez le motif aux deux boutons (le bouton à 4 trous est sous le plateau de la bague, dos contre dos) et rentrez les fils dans le motif.
Aithra : collez le bouton carré (décoratif) sur le grand bouton, trous contre trous, laissez sécher, puis procédez comme pour Naïade.

Naïade

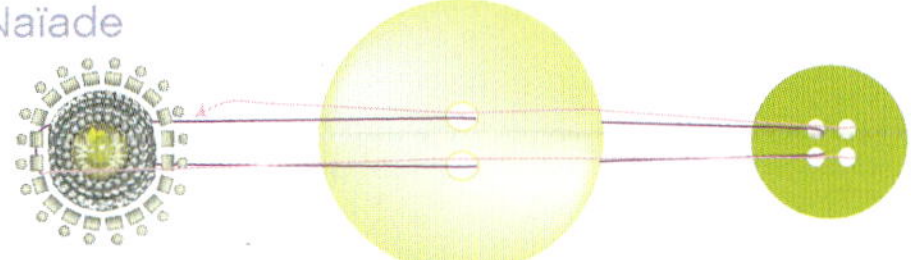

Maïtreya

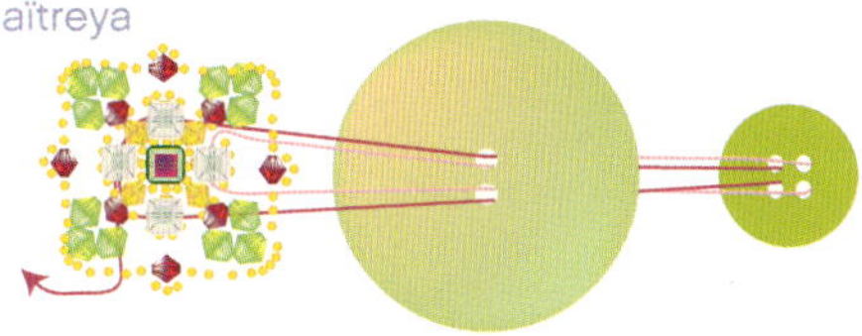

Aithra

Yarouba : avec du fil de pêche, cousez solidement les deux boutons dos à dos ; passez le fil entre les boutons.

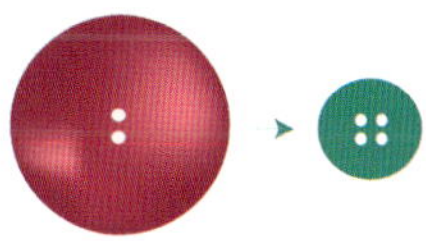

Yarouba

Anneau en point peyote pair réalisé séparément

Naïade : peyote large de 2 perles A.

1. Enfilez 3 A, passez par l'avant dans la 1re enfilée.
2. Enfilez 1 A, passez par l'avant dans la dernière perle enfilée (n° 3). Répétez jusqu'à ce que le ruban de perles soit de la taille de votre tour de doigt.

Naïade

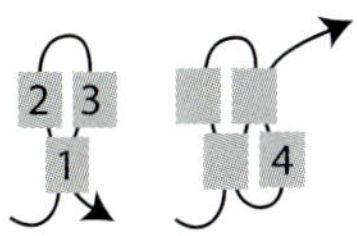

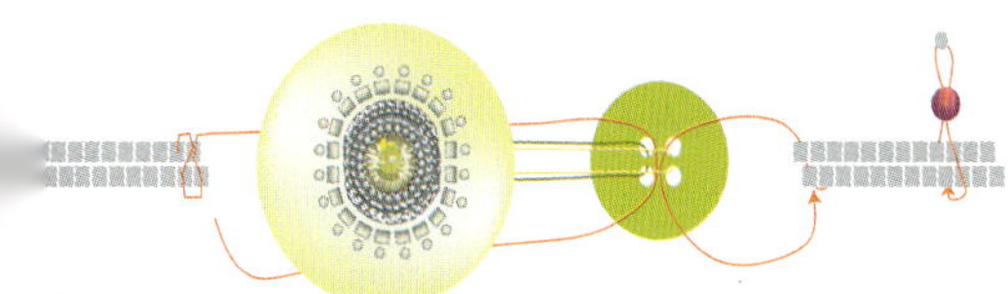

Fixez-en chaque extrémité en passant entre les fils de liaison préalablement posés entre les deux boutons, renforcez particulièrement à cet endroit et, en rentrant les fils dans l'anneau, posez un éclat percé sur 2 A à hauteur du bord du bouton.

Maïtreya, Aithra : peyote large de 4 perles A.

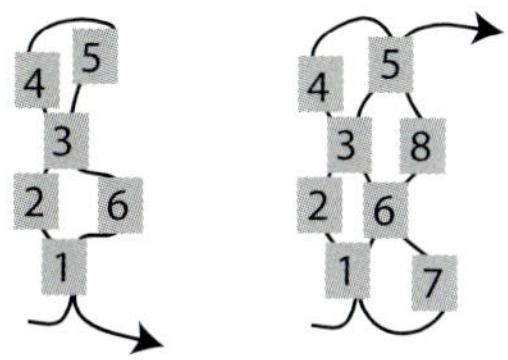

1. Enfilez 5 A, piquez par l'avant dans la 3e, enfilez 1 A, piquez par l'avant dans la 1re.
2. Enfilez 1 A, piquez par l'avant dans la dernière enfilée (6e), répétez 1 fois.

Recommencez l'étape 2, jusqu'à ce que vous obteniez un ruban de la taille souhaitée et fixez celui-ci comme expliqué pour Naïade.

Yarouba : ne changez pas de fil.
Enfilez 1 A, 1 B, 1 A, 1 D, 1 A, 1 B, 1 A.
Passez le fil entre les fils d'attache des deux boutons, revenez dans 1 A, 1 B, 1 A, 1 D.
Enfilez 1 A, 1 B, 1 A, 1 D, 1 A, 1 B, 1 A, passez par l'arrière dans la 1re D, conduisez le fil dans la dernière D en passant par 1 A, 1 B, 1 A : répétez de 9 à 12 fois selon la taille de l'anneau, fixez l'anneau de l'autre côté en passant entre les deux boutons, rentrez bien les fils et coupez-les ras.
Collez le filigrane au centre du grand bouton.

Yarouba

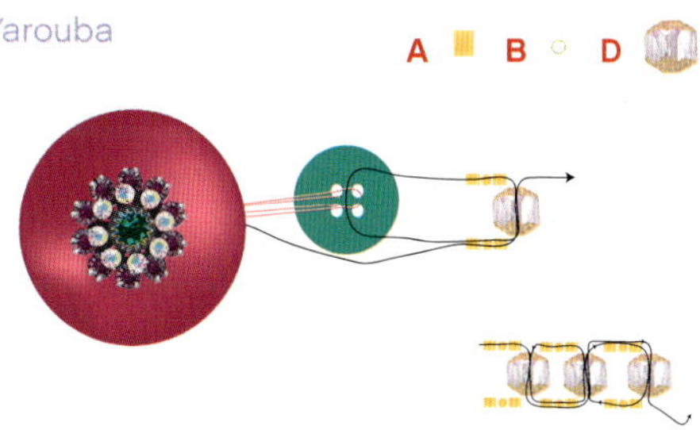

Iseult, Elven, Alwena, Teïla

Pour chacun des modèles, il vous faut :

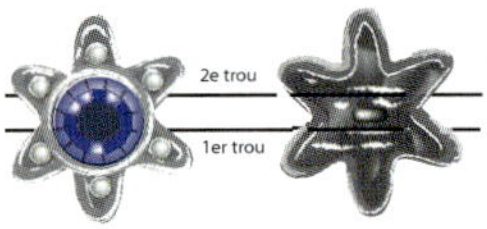

- 1 perle à broder en métal à 2 trous, avec strass en cristal autrichien

B • 0,5 g de rocaille japonaise 15/0

C • 6 toupies en cristal 3 mm

- fil de nylon polyfilament (Nymo D ou C-lon), aiguilles n°s 10 et 13

Iseult

- un support de bague en métal à plateau de 7 mm

Elven

- un support de bague filigrane
- 1 bouton de nacre de 26 mm

Alwena

A • 6 Delica

D • 12 toupies en cristal 4 mm

- un support de bague en métal à plateau de 7 mm
- 1 bouton de nacre de 26 mm

Teïla

A • 6 Delica

C • 6 toupies en cristal 3 mm supplémentaires

D • 12 toupies en cristal 4 mm

E • 6 cubes en cristal 4 mm

- un support de bague en métal à plateau de 14 mm

Iseult

1

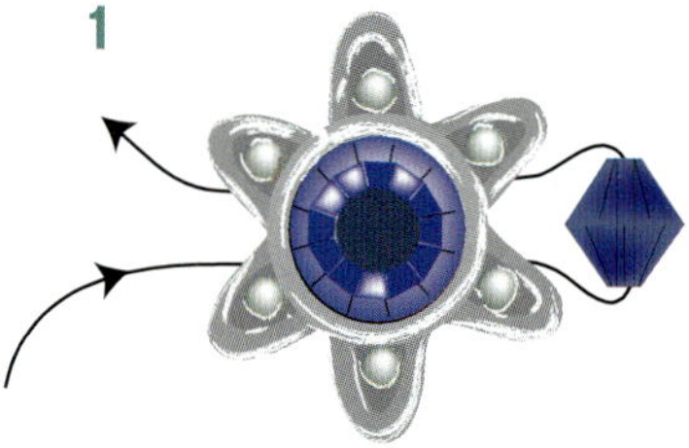

1 Passez dans le 1er trou, enfilez 1 C, passez dans le 2e trou.

2

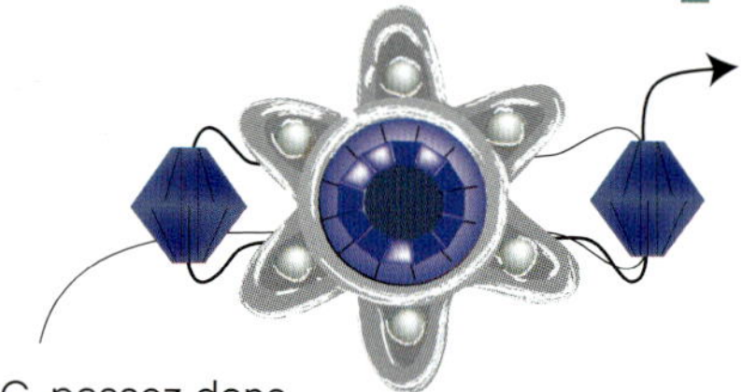

2 Enfilez 1 C, passez dans le 1er trou et dans la 1re C.

3

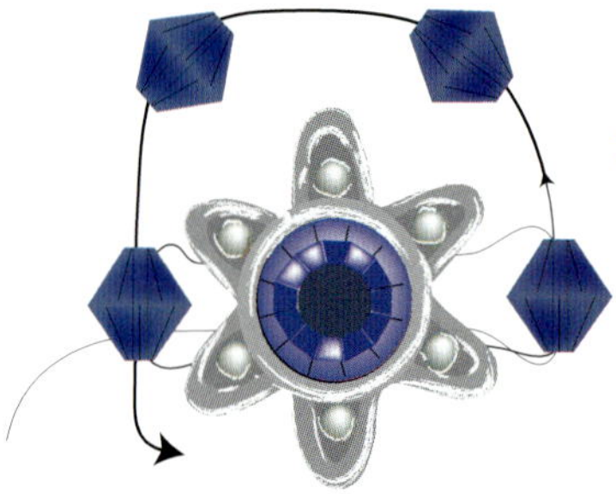

3 Enfilez 2 C, passez dans 1 C.

4

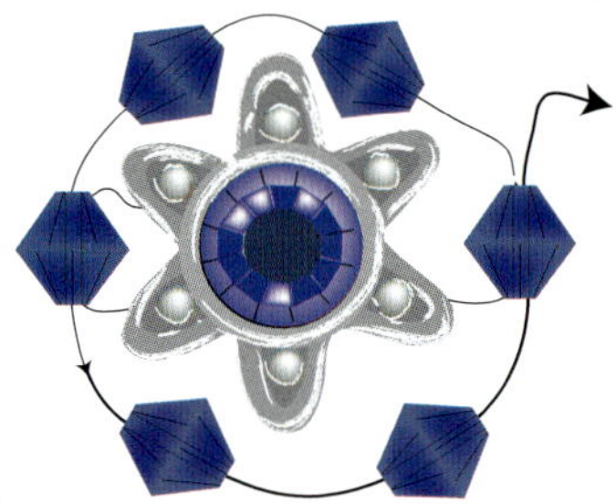

4 Répétez l'étape 3.

5

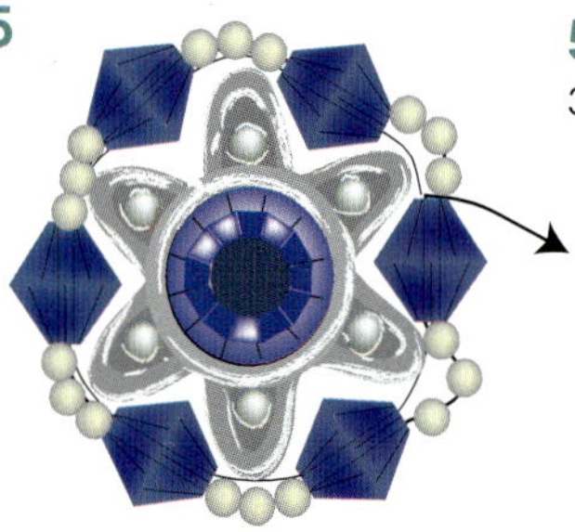

5 Prenez l'aiguille n° 13 ; Enfilez 3 B, passez dans 1 C (6 fois).

6

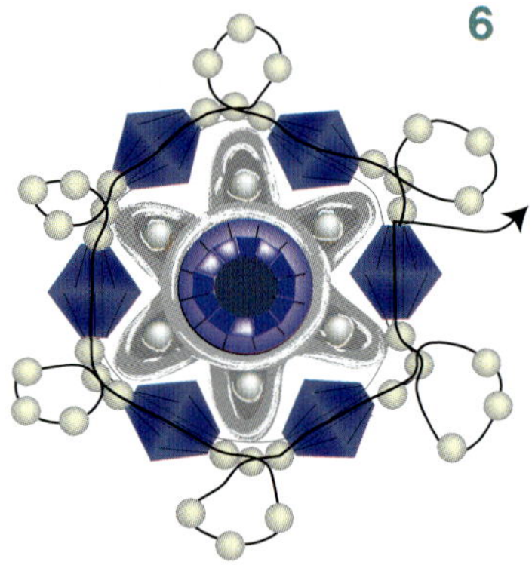

6 Passez dans 2 B, enfilez 3 B. Passez dans la 2e B par l'arrière (vous faites un picot de 3 B sur la 2e B). Passez dans 1 B, 1 C. Répétez 5 fois.

7

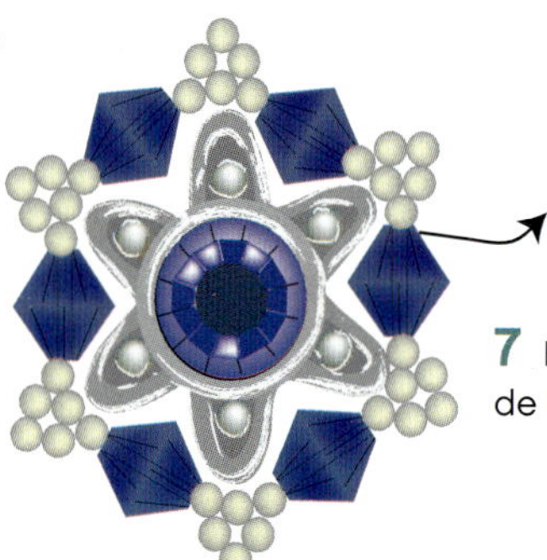

7 Fixez le motif Iseult sur le support de bague (voir pp. 4-5).

Elven

Réalisez le motif (§ 1 à 6).

7 Fixez-le sur le bouton, puis sur le support de bague (voir p. 6).

7

Alwena

Réalisez le motif (§ 1 à 6).

7 Passez dans 3 B : vous vous trouvez au sommet d'un picot de 3 B. Enfilez 1 D, 1 A, 1 D et passez dans le sommet du picot suivant. Répétez 5 fois.

7

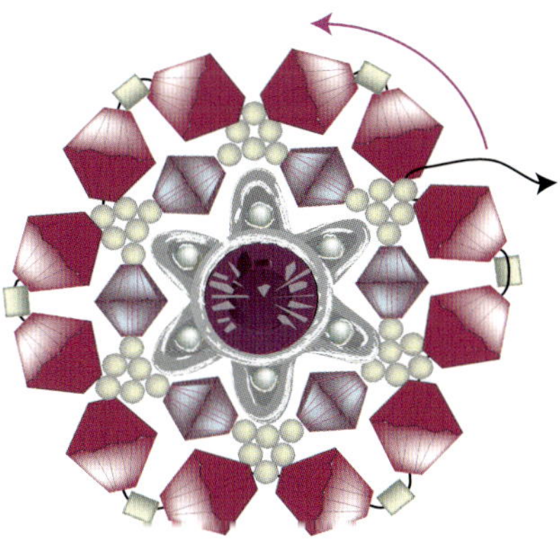

8

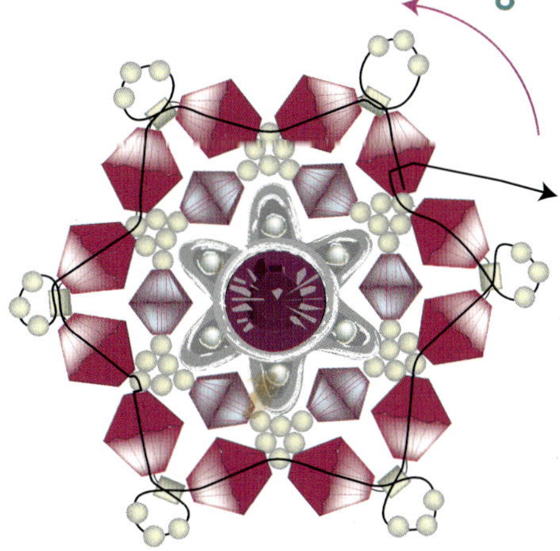

8 Passez dans 1 D, 1 A, réalisez un picot de 3 B, passez dans 1 D, 1 B. Répétez 5 fois.

Alwena

9

9 Montez le motif sur le bouton, puis sur l'anneau comme expliqué en pp. 4-5.

Teïla

8

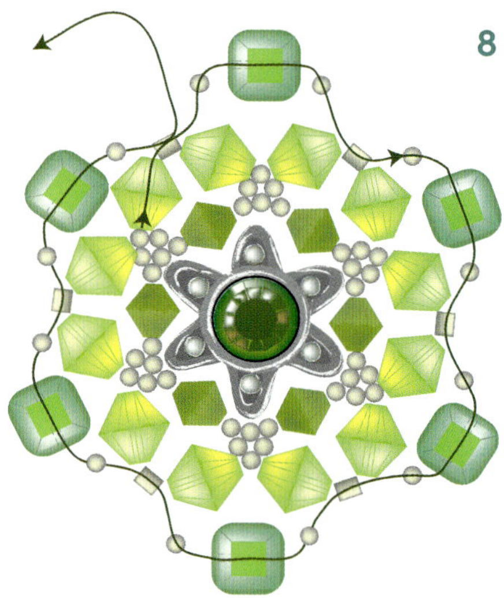

Réalisez le motif jusqu'au § 7 d'Alwena.

8 Passez dans 1 D, *1 A, enfilez 1 B, 1 E, 1 B* ; répétez de * à * 5 fois, passez dans 1 A. Faites un tour dans l'ensemble de ces perles pour consolider, en tendant bien le fil (mais doucement car les perles « cubes » sont très coupantes) : les perles E se placent sous le motif.

9

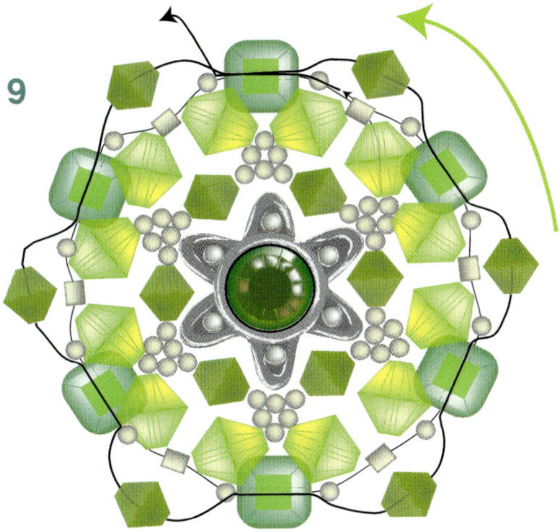

9 Passez dans 1 B, *1 E, enfilez 1 C*, répétez 5 fois de * à *. Passez dans 1 E.

10

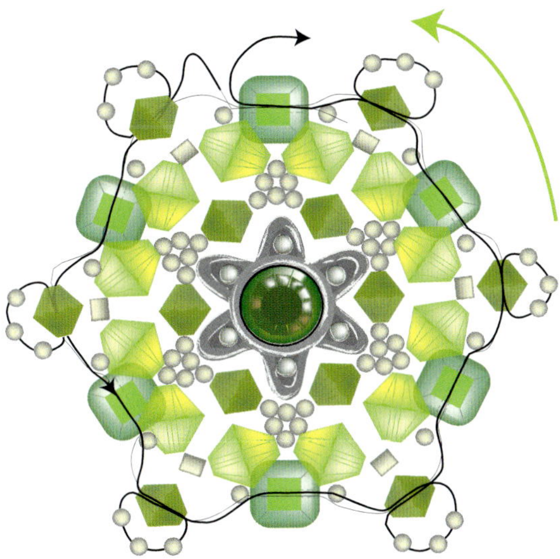

10 Passez dans 1 C, enfilez 3 B et faites un picot, passez dans 1 E. Répétez 5 fois. Commencez à rentrer l'un des fils dans les perles les plus proches de la pièce centrale.

Reportez-vous p. 5 pour le montage sur la grille à broder.

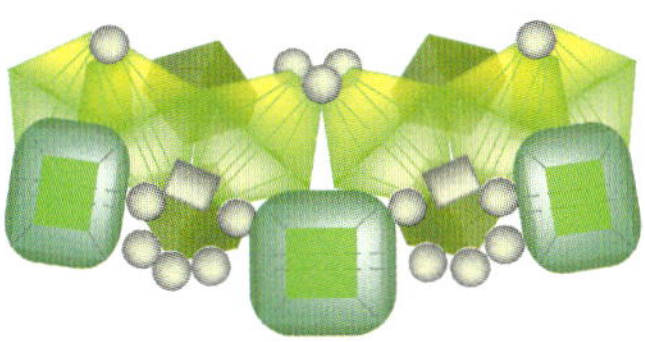

Plateau de la bague de profil

Thalie, Aithra, Naïade, Olympe

Pour chacun des modèles, il vous faut :

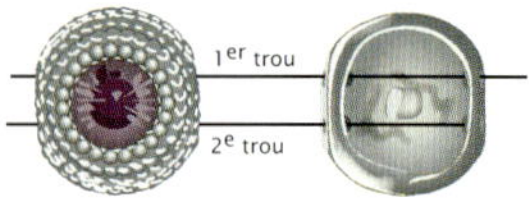

- 1 perle en métal à 2 trous (8 mm), avec strass en cristal autrichien

A • 2 g de Delica

B • 0,5 g de rocaille japonaise 15/0

- fil de nylon polyfilament (Nymo D ou C-lon), aiguilles nos 10 et 13

Thalie

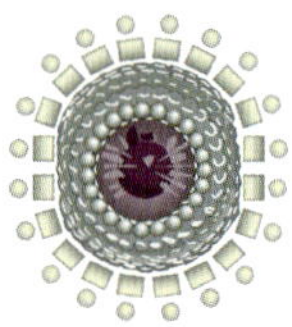

- un support de bague en argent à plateau, de 7 mm

Naïade

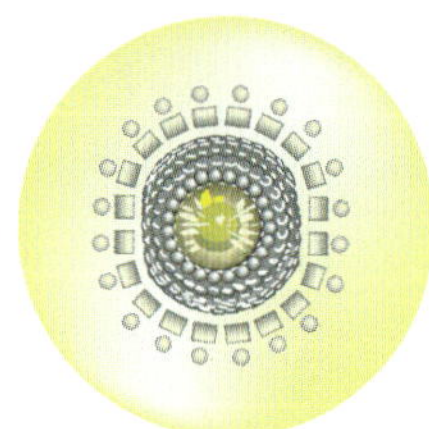

- 1 bouton de nacre de 20 mm

- 1 bouton de nacre à 4 trous de 8 mm

Aithra

- 2 éclats percés en cristal autrichien

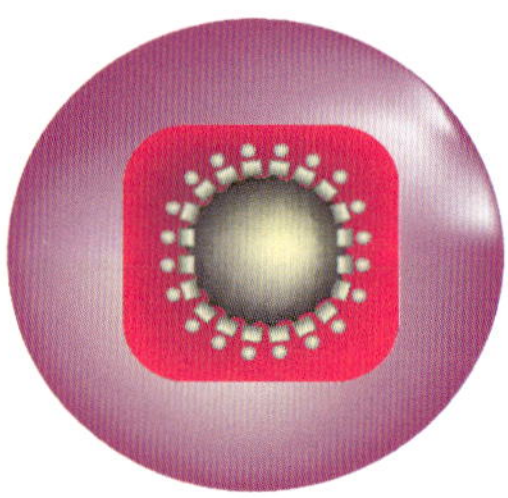

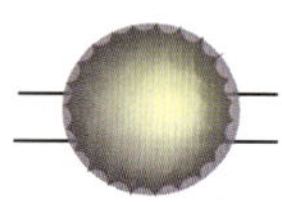

- 1 perle à broder vintage, à 2 trous, 8 mm (qui remplace la perle en métal)
- 1 bouton de nacre rond 26 mm
- 1 bouton de nacre carré 16 mm
- 1 bouton à 4 trous de 10 mm

Olympe

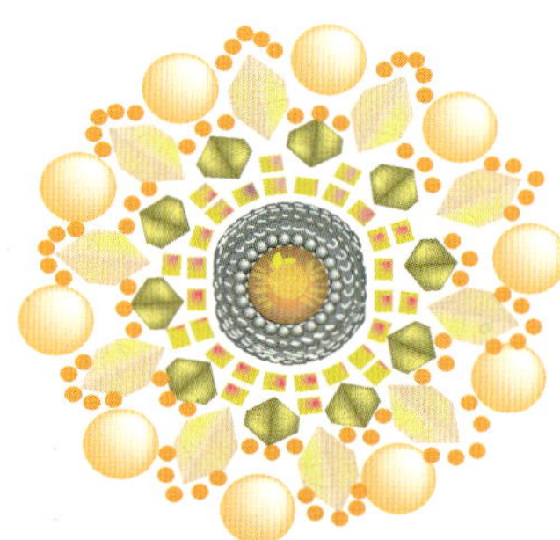

C  • 10 toupies en cristal 3 mm

F • 10 toupies en cristal réf. 5305, 5 mm

G • 10 perles en cristal imitation perles fines 4 mm

- 1 support de bague en métal à plateau avec grille à broder de 22 mm

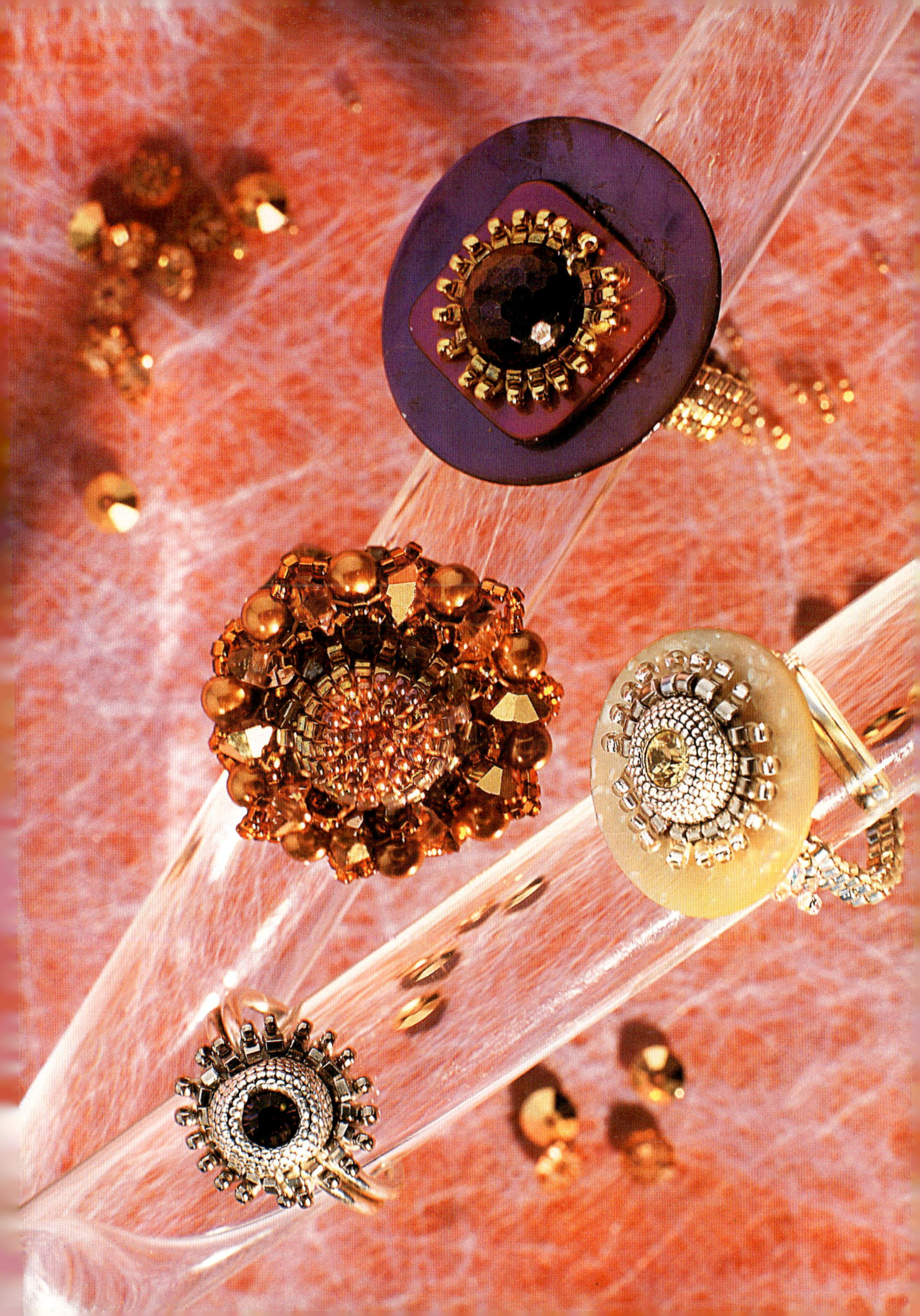

Thalie

1

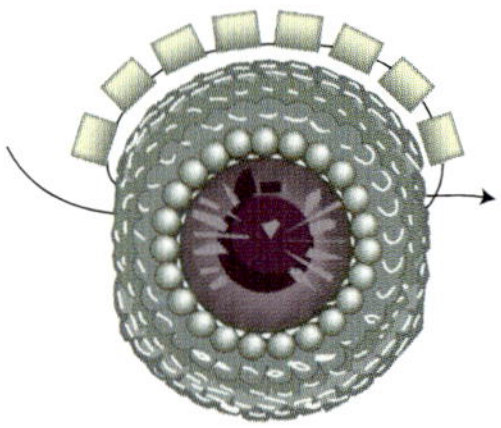

2

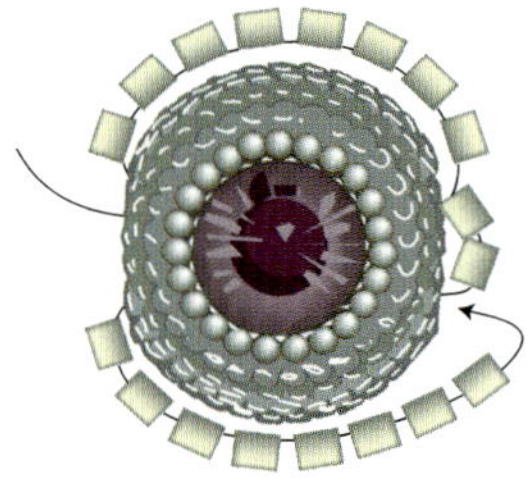

3

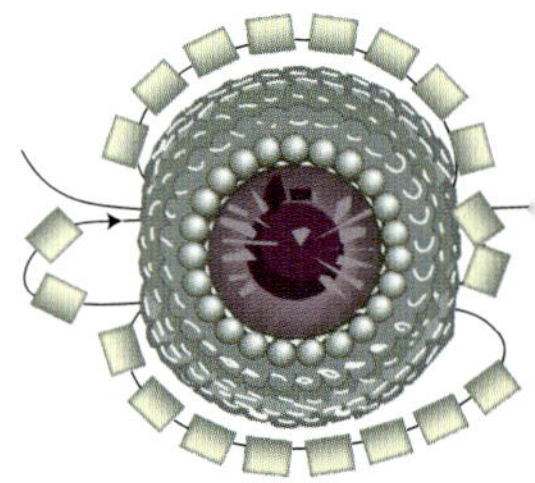

1 Passez dans le 1er trou, enfilez 8 A, repassez par l'arrière dans le 1er trou.

2 Enfilez 2 A, passez dans le 2e trou, enfilez 8 A, repassez par l'arrière dans le 2e trou.

3 Enfilez 2 A, passez dans le 2e trou, enfilez 8 A, repassez par l'arrière dans le 2e trou.

4

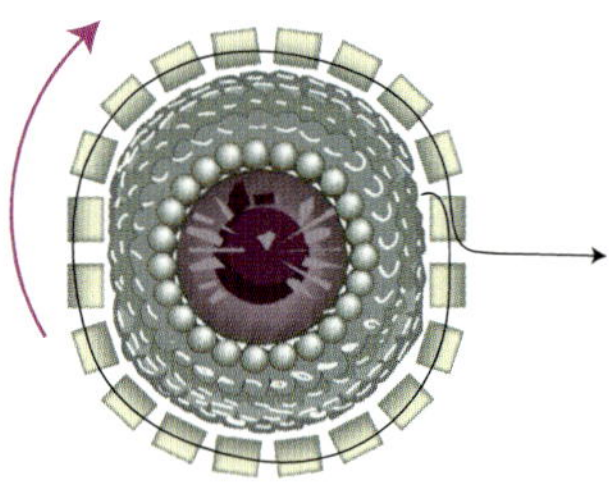

5

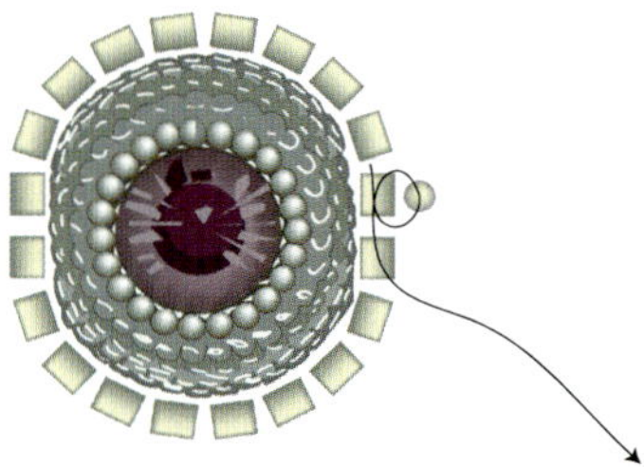

6

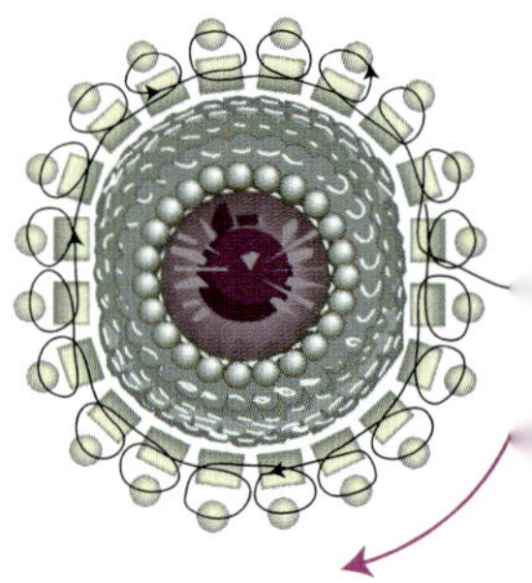

4 Passez dans les 20 A et à nouveau dans la 1re, serrez.

5 Enfilez 1 B et faites un picot, passez dans la A suivante.

6 Répétez le § 5 19 fois : vous avez 20 picots.

Thalie

7 Rentrez les fils pour renforcer et coupez-les ras. Reportez-vous pp. 4-5 pour fixer le motif à l'anneau.

7

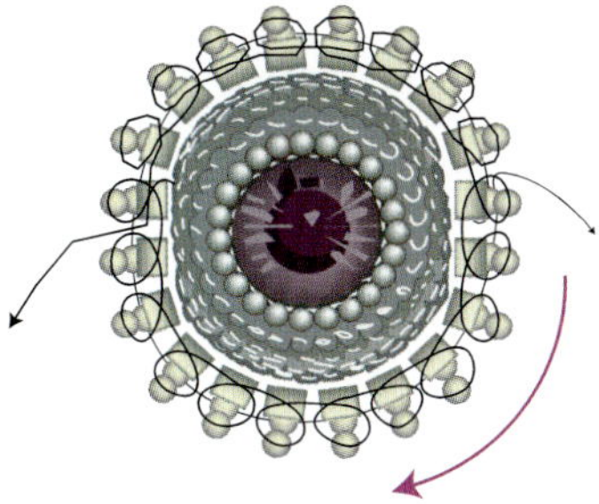

Naïade

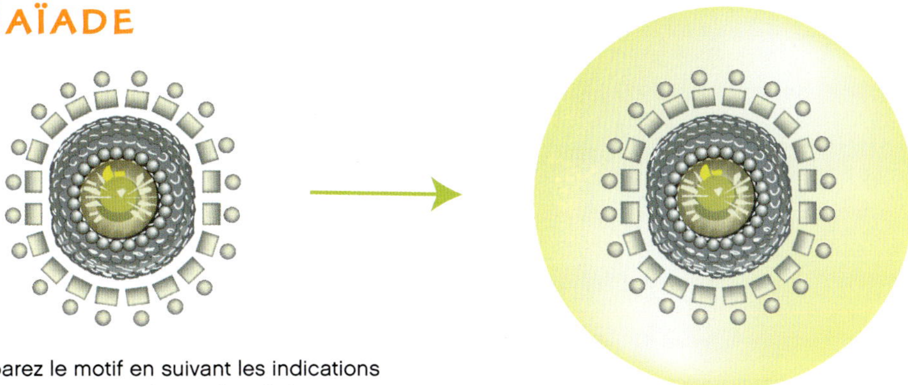

Préparez le motif en suivant les indications des § 1 à 6. Montez le motif sur le bouton et réalisez l'anneau sur lequel vous fixerez l'ensemble (voir pp. 6 et 7).

Aithra

Autour d'une perle à broder vintage du même diamètre, réalisez un motif (§ 1 à 6).
Pour le montage en bague avec boutons de nacre, référez-vous aux explications pp. 6 et 7.

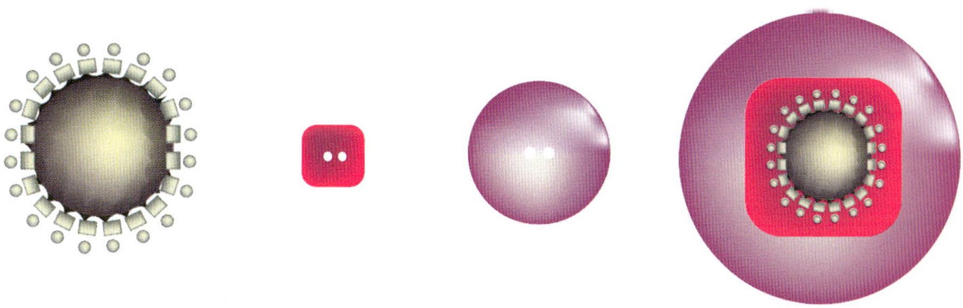

Olympe

7

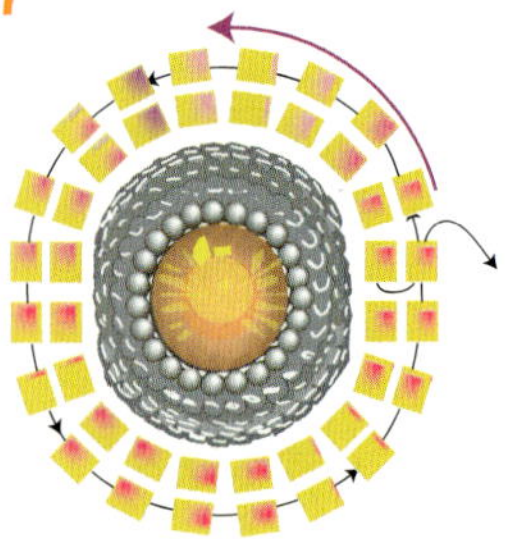

8

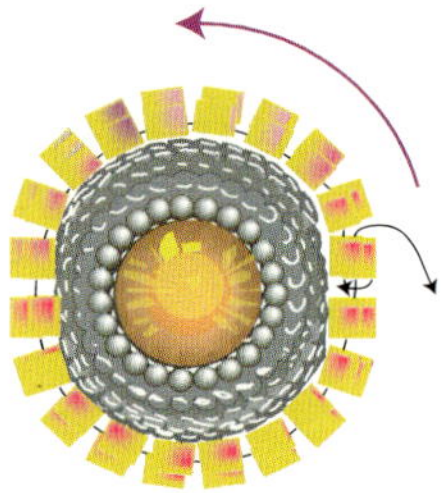

9

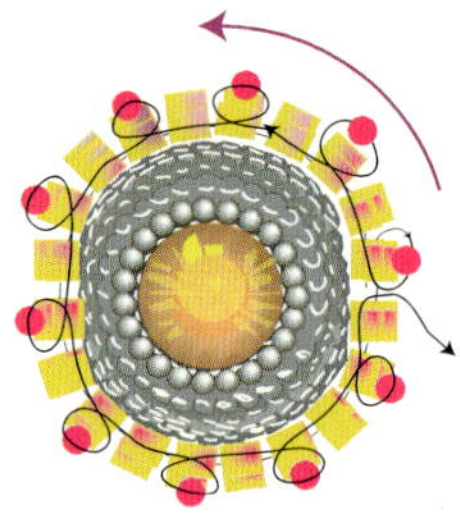

7 Réalisez un motif (§ 1 à 6) en remplaçant les rocailles 15/0 par des Delica, changez de sens et repassez dans les 20 picots.

8 Serrez : les picots A forment un mur de perles autour de la perle à broder.

9 Posez 1 picot B sur 1 A, passez dans 2 A (10 fois).

10

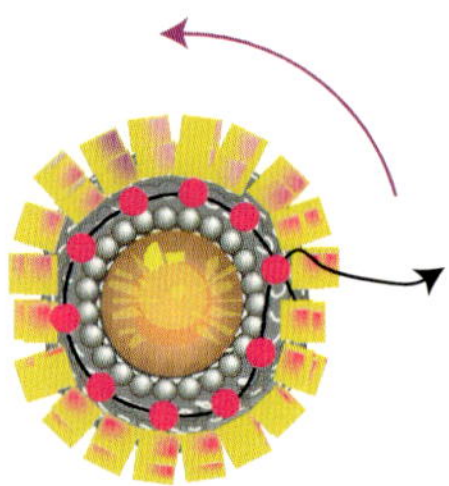

11

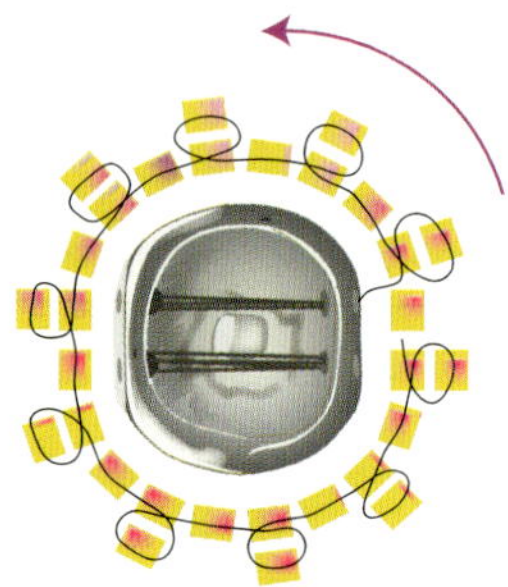

12

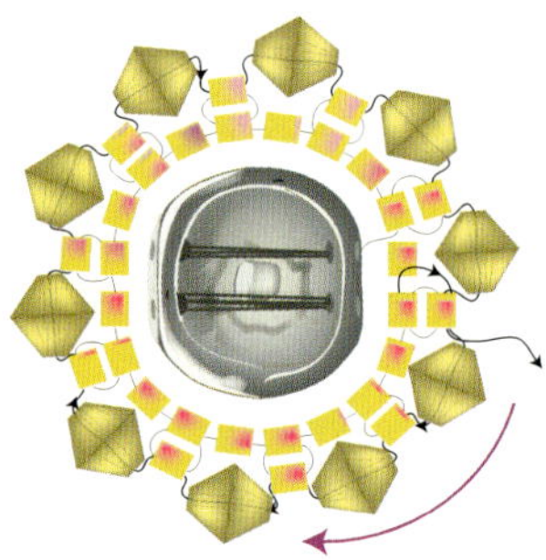

10 Passez dans l'ensemble des 10 picots B (+1), serrez et laissez en attente.

11 Avec l'autre extrémité du fil, passez dans une A du 1er rang et réalisez 1 fois sur 2 1 picot A.

12 En changeant de sens, passez dans le dernier picot A, *enfilez 1 C, passez dans 1 A*, répétez 9 fois de * à *.

13

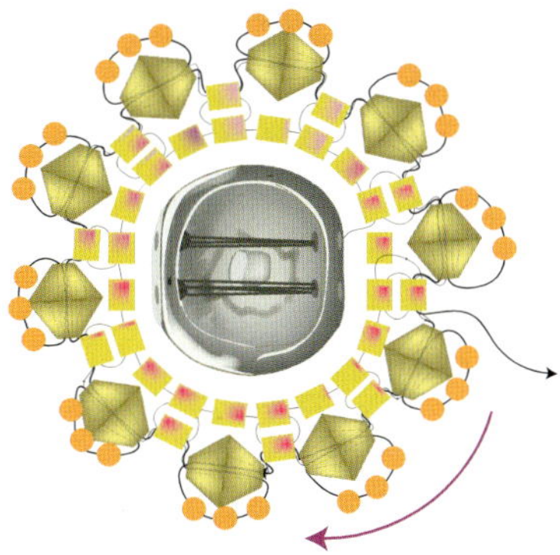

14

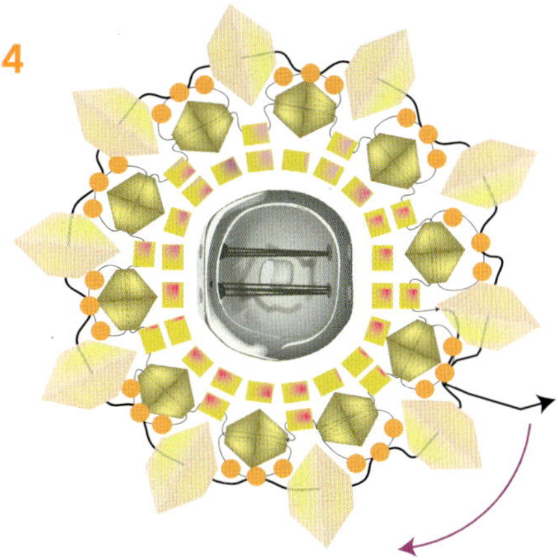

13 Passez dans 1 C, faites un picot de 3 B, passez dans la A qui suit, répétez 9 fois.

14 Passez dans les 2 B qui se présentent, **enfilez 1 F, laissez 1 A et passez dans la suivante** ; répétez de ** à ** 9 fois.

15

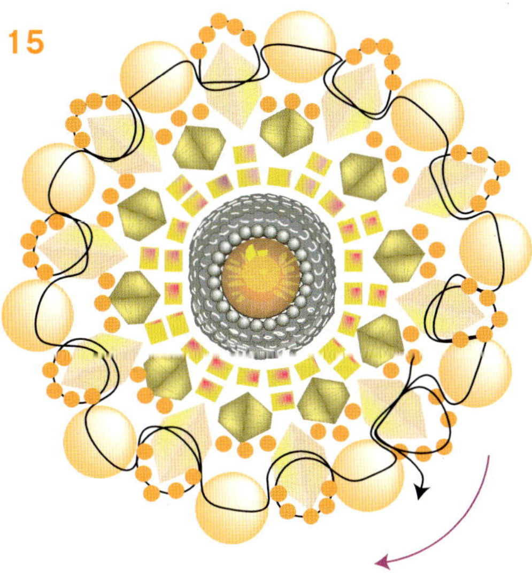

15 Passez dans 1 F, enfilez 5 B, faites un picot, enfilez 1 G, répétez 9 fois ; passez dans 1 F. Montez le motif sur la grille à broder (voir p. 6).

Isis, Horus, Seth

Pour chacun des modèles, il vous faut :

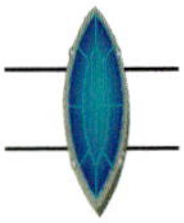

- 1 strass navette 17*4 mm avec sertissure à 2 trous
- un support de bague à plateau de 7 mm

A • 2 g de Delica

B • 0,5 g de rocaille japonaise 15/0

- fil de nylon polyfilament (Nymo D ou C-lon), aiguilles nos 10 et 13

Isis

- 10 toupies en cristal 3 mm

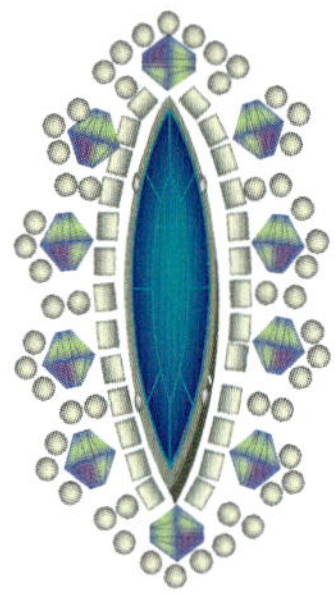

Horus

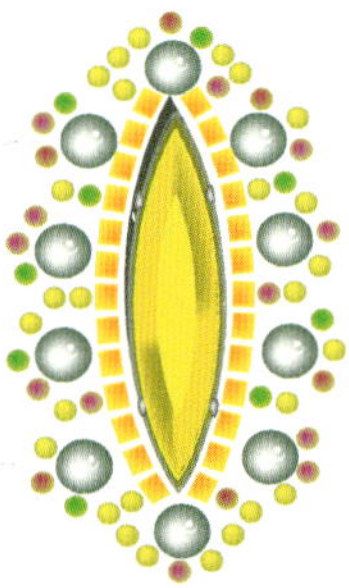

C • 10 perles en cristal imitation perles fines 3 mm

Seth

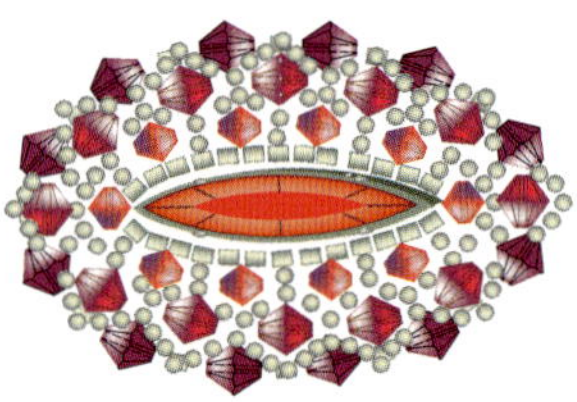

B • 0,5 g de rocaille japonaise en plus

C • 10 toupies en cristal 3 mm

D • 2 x 12 toupies en cristal 4 mm

Isis

1

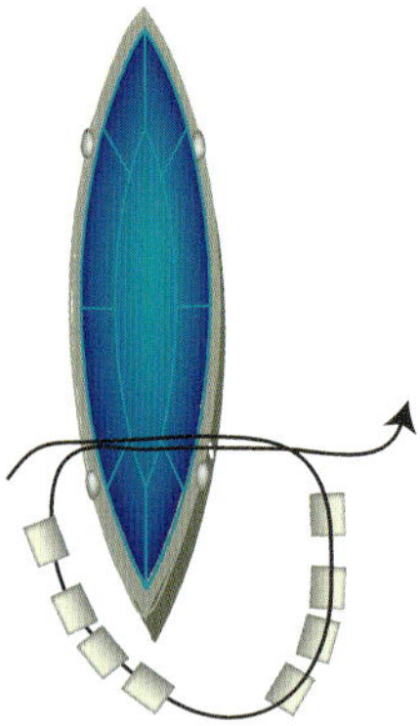

2

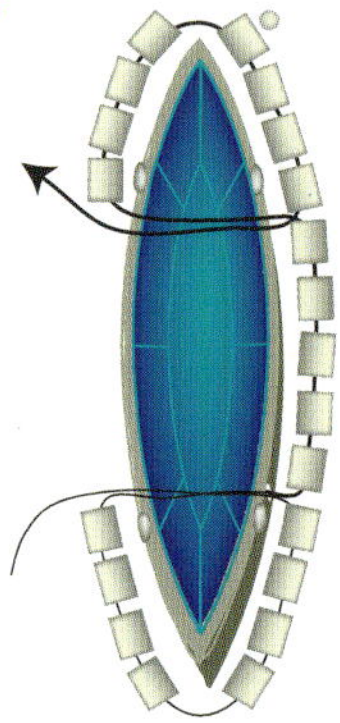

3

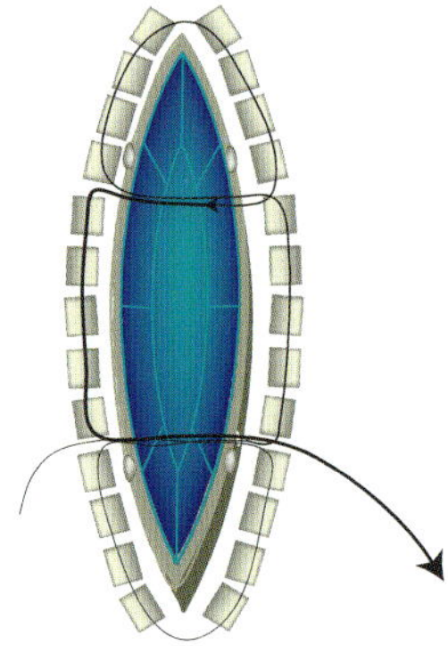

1 Passez dans le 1er trou, enfilez 8 A, passez à nouveau dans le même trou par l'arrière.

2 Enfilez 5 A, passez dans le 2e trou, enfilez 8 A, passez à nouveau dans le 2e trou.

3 Enfilez 5 A, passez dans le 1er trou.

4

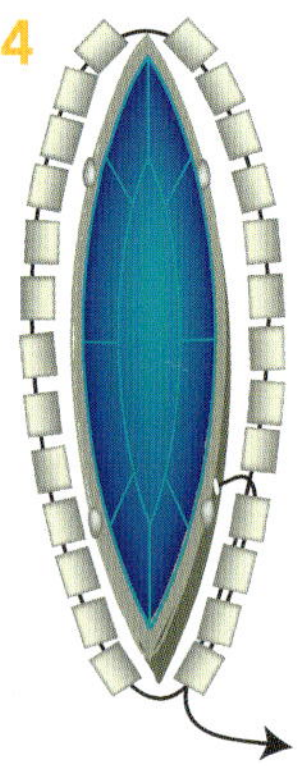

5

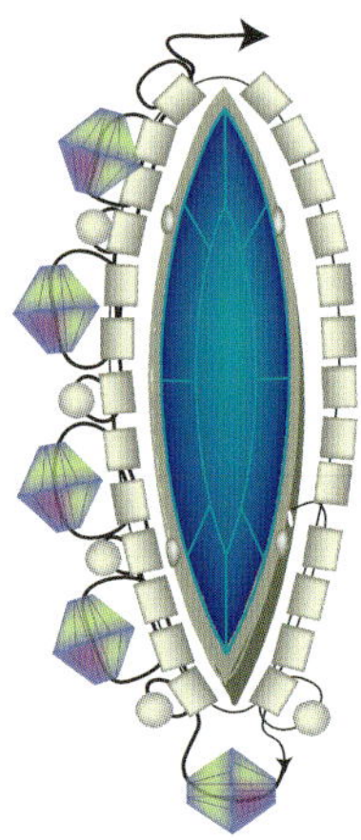

6

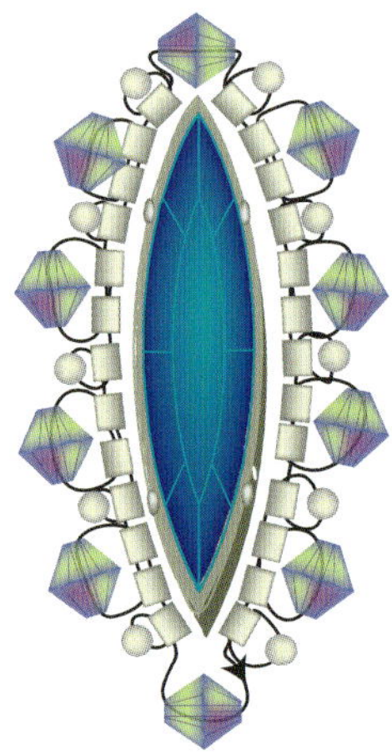

4 En vous dirigeant vers la pointe de la navette, passez dans 4 A.

5 Enfilez 1 B, faites un picot, enfilez 1 C, *passez dans 1 A, enfilez 1 B, faites 1 picot, passez dans 2 A, enfilez 1 C, faites 1 picot* ; répétez de * à * 3 fois, passez dans 1 A.

6 Répétez le § 5.

7

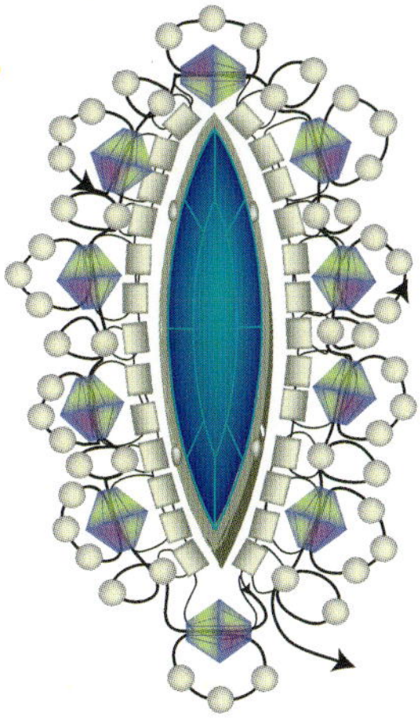

8

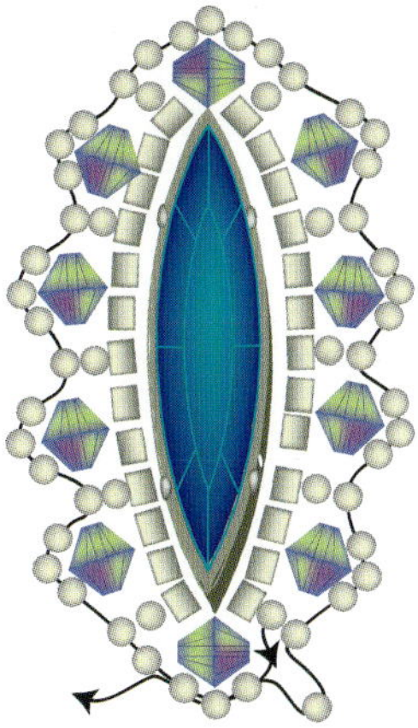

7 **Passez dans 1 C, enfilez 3 B et faites 1 picot ; passez dans 1 B, enfilez 1 B et faites 1 picot**. Répétez de ** à ** 9 fois.

8 Passez dans les 3 B qui se présentent, enfilez 1 B, passez dans les 17 B suivantes (picots posés en § 7), enfilez 1 B. Répétez 1 fois, enfilez 1 B et passez dans les 3 B du sommet. Rentrez bien les fils et coupez-les ras. Fixez le motif sur l'anneau en suivant les indications p. 5.

Horus

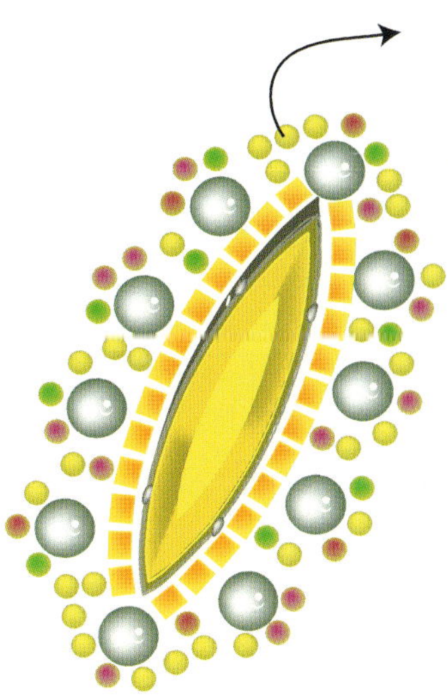

Réalisez le même motif qu'Isis en remplaçant les toupies par des « perles fines » en cristal de 3 mm ; montez le motif sur l'anneau métallique (voir pp. 4- 5).

Seth

Réalisez le motif en suivant les § 1 à 8.

9 Passez dans les 4 B qui se présentent. *Enfilez 1 D, passez dans la B qui se trouve au centre des 3 picots B du rang précédent*, répétez 2 fois de * à *. **Enfilez 1 D, passez dans le premier des 3 picots B posés au sommet, enfilez 1 D, passez dans le 3e de ces 3 picots**.
Reprenez de * à * 4 fois, de ** à ** 1 fois, de * à * 1 fois.

9

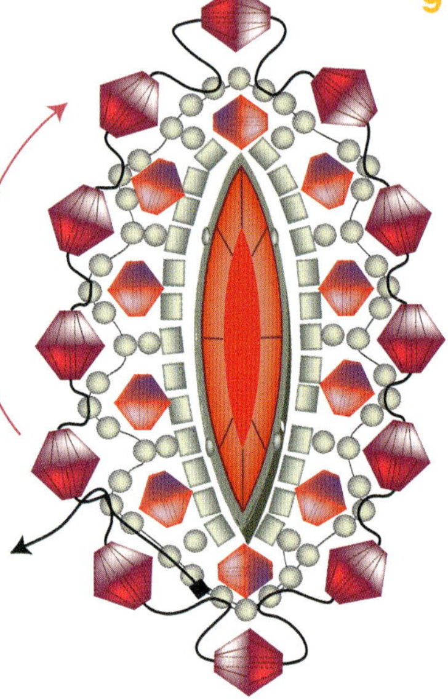

10

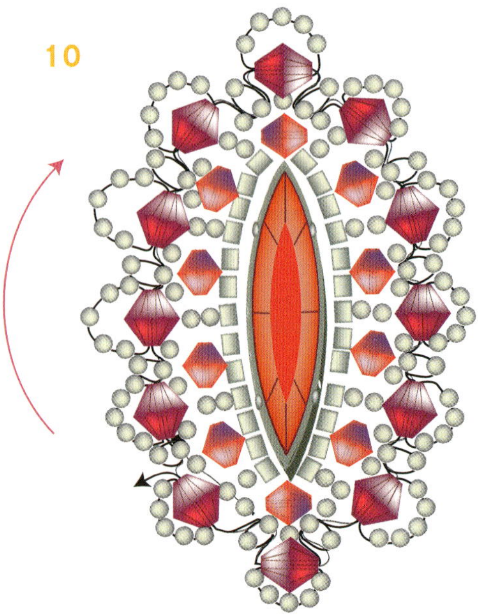

10 Enfilez 1 B, faites un picot, passez dans 1 D, enfilez 5 B, passez à nouveau dans cette D (vous venez de réaliser un picot de 5 B), passez dans la perle B picot suivante. Répétez 11 fois.

11

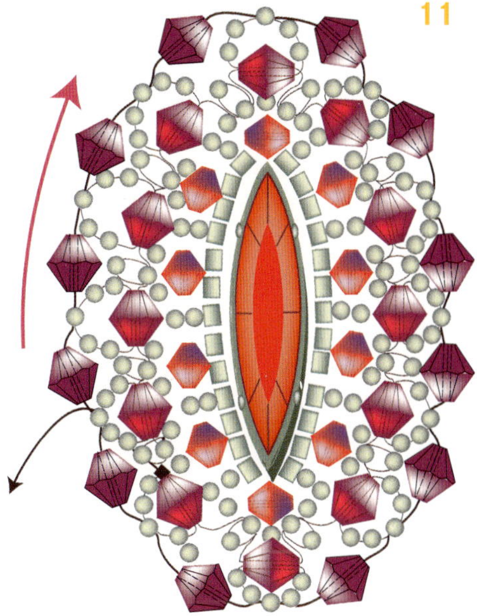

11 Conduisez le fil dans les 4 B qui se présentent ; enfilez 1 D, passez dans la B du sommet du picot de 5 perles qui suit ; répétez 11 fois.
Faites un 2e tour dans l'ensemble des perles (= 1 D, 1B, 12 fois) pour renforcer et resserrer la base du motif qui prend alors un aspect bombé.

12

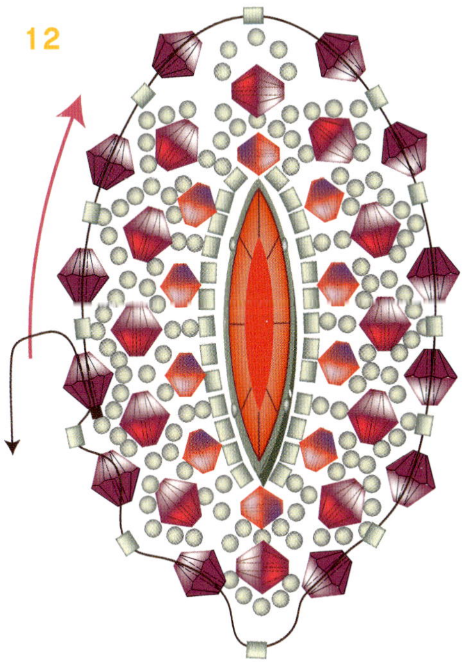

12 Passez dans 1 D, enfilez 1 A, 12 fois. Rentrez bien les fils jusqu'à ce que le motif soit rigide et reportez-vous pp. 4-5 pour le montage sur anneau.

Suraj, Yashoda, Shiva, Maïtreya

Pour chacun des modèles, il vous faut :

A • 0,5 g de Delica

B • 0,5 g de rocaille japonaise 15/0

C • 12 toupies en cristal 3 mm

D • 16 toupies en cristal 4 mm

E • 5 cubes en cristal 4 mm, réf. 5601

• fil de nylon polyfilament (Nymo D ou C-lon), aiguilles nos 10 et 13

Suraj

• un support de bague en métal à plateau, 7 mm minimum

• 1 bouton de nacre de 26 mm

Yashoda

• un support de bague à plateau à broder de 14 mm

Shiva

• remplacer les A par des B

• un support de bague en métal à filigrane

Maïtreya

• 1 bouton à 4 trous de 14 mm

• 1 bouton de nacre de 36 mm

• 1 g de Delica pour l'anneau

Suraj

1

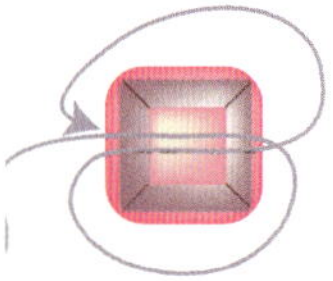

1 Enfilez la perle E, passez à nouveau par l'arrière : vous formez une boucle de fil d'un côté de la perle ; répétez 3 fois, en veillant à ce que le fil se place 2 fois à gauche, 2 fois à droite : vous obtenez un « pont » de fils tout autour de la perle E.

2

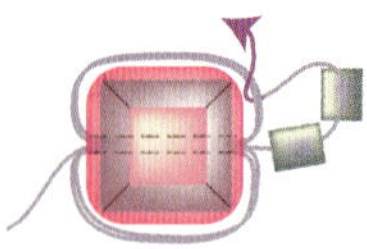

2 Enfilez 2 A et passez sous le pont de fil ainsi formé.

3

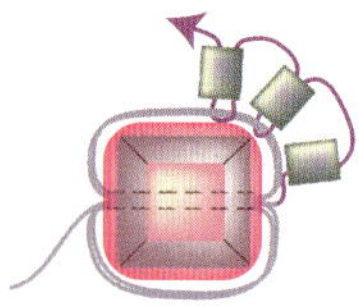

3 Revenez par l'avant dans la 2e A enfilée en évitant de piquer dans le fil, tendez-le. *Enfilez 1 A, passez sous le pont de fil, revenez dans cette A par l'avant*.

4

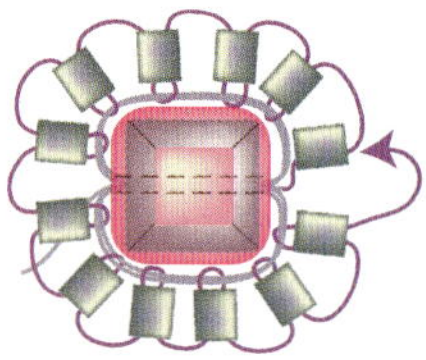

4 Répétez 9 fois de * à * et piquez par l'arrière dans la 1re A du rang.

5

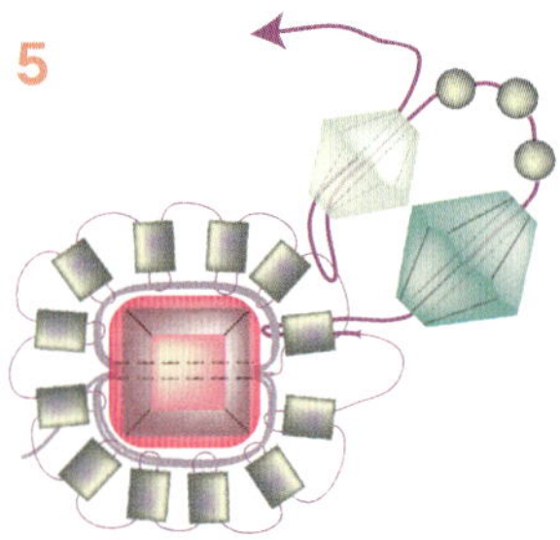

5 Passez sous le pont de fil qui entoure la perle centrale E. Revenez dans la même A et enfilez 1 D, *3 B, 1 C. Passez sous le 1er pont de fil qui figure entre 2 A, revenez dans la C.

6

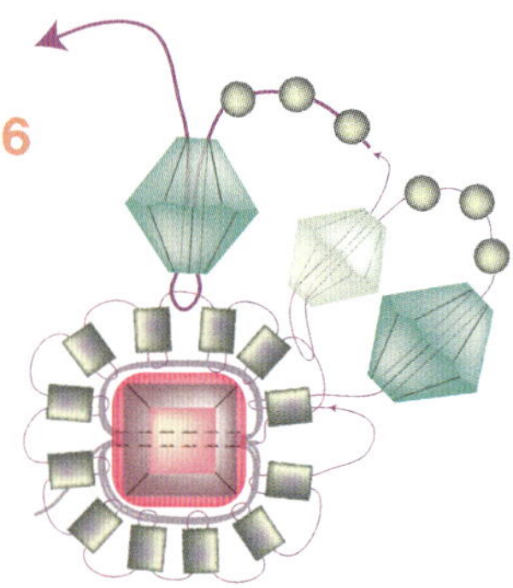

6 Enfilez 3 B, 1 D, passez sous le 2e pont de fil qui se présente (vous « sautez » un pont). Passez à nouveau dans la D*.

7 Répétez 2 fois de * à *, enfilez 3 B, 1 C, passez sous le 1er pont de fil et revenez dans la C. Enfilez 3 B et plongez dans la 1re D posée, dans la A sur laquelle elle se trouve, puis passez dans la A voisine et dans la D dont vous venez.

7

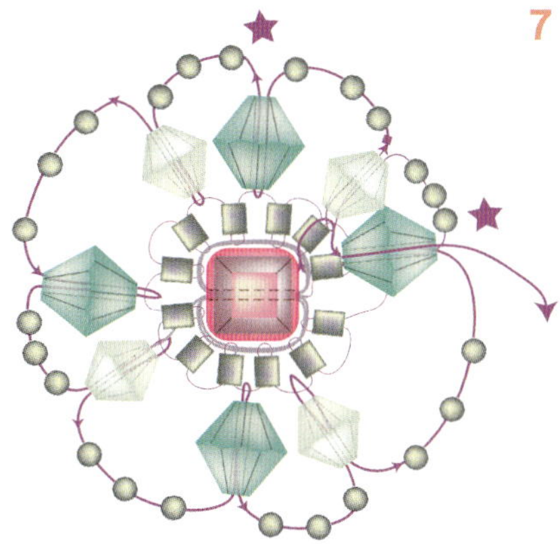

8

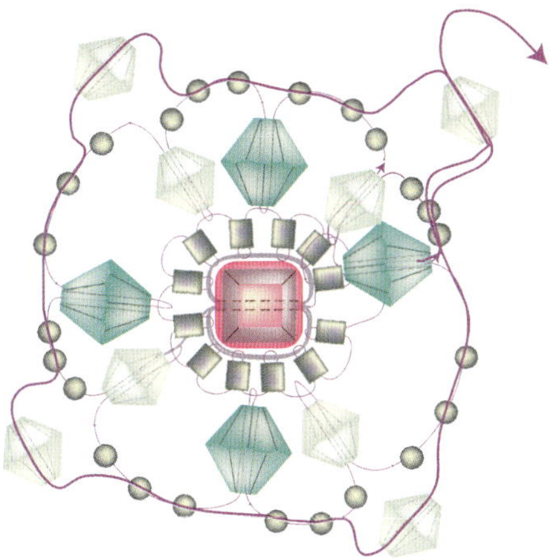

8 Passez dans les 2 premières B qui se présentent, **enfilez 1 C, passez dans les 4 B qui encadrent la toupie D**, répétez 3 fois de ** à **, passez dans la 1re C.

9

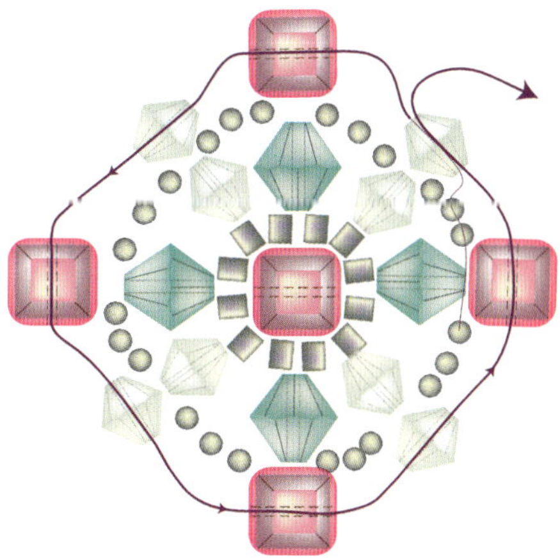

9 Enfilez 1 E, passez dans 1 C (4 fois).

10

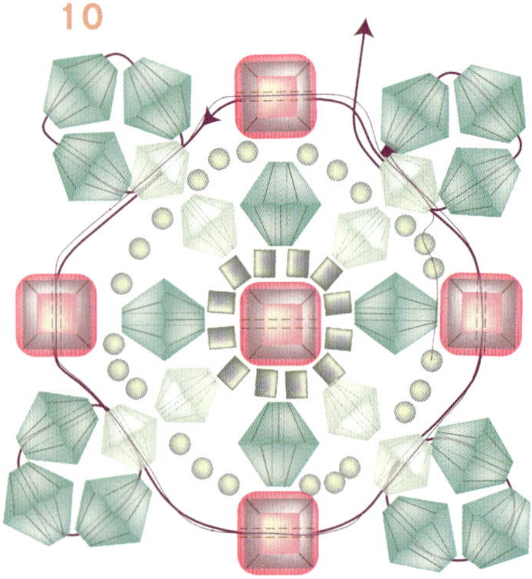

11

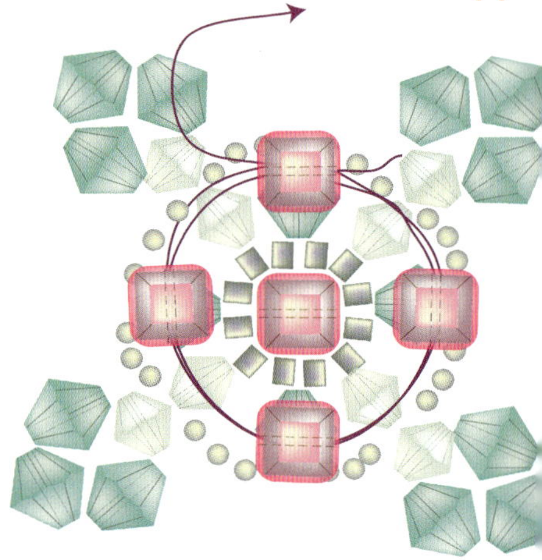

10 Enfilez 3 D, passez à nouveau par l'arrière dans la C dont vous venez, puis dans une E, 1 C. Répétez 3 fois.

11 Passez dans les 4 E, tendez très doucement les fils et renforcez bien : le centre du motif prend du relief.

12

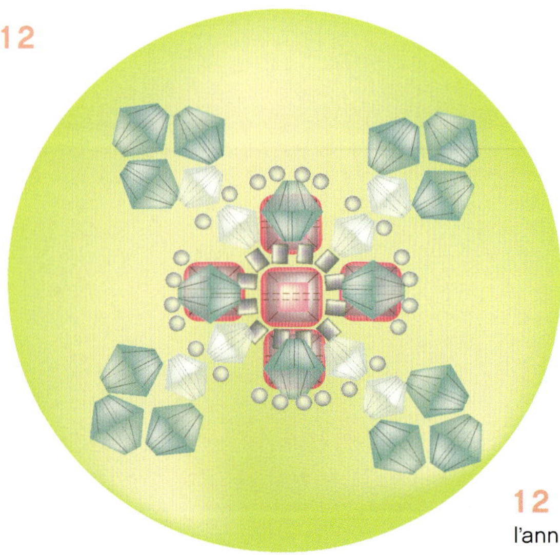

12 Montez le motif sur bouton, puis sur l'anneau (explications p. 5).

YASHODA

12

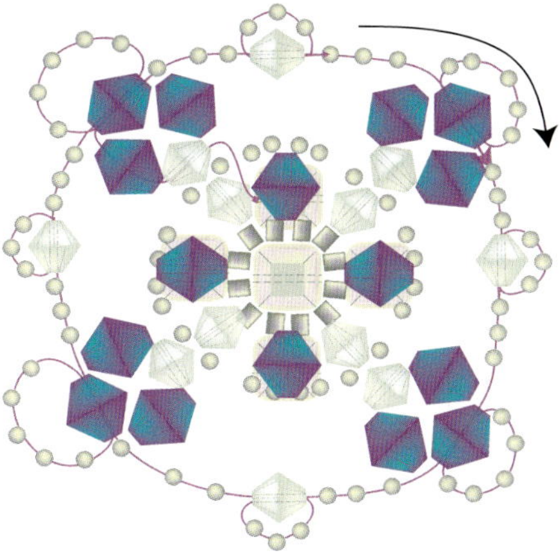

Suivez les § 1 à 11.

12 Passez du cube E dans 1 C, 2 D : vous changez de sens. **Enfilez 5 B, passez par l'arrière dans la D dont vous sortez. Enfilez 3 B, 1 C, 3 B, faites un picot (en passant à nouveau dans la C par l'arrière) ; serrez, enfilez 3 B, passez dans 1 D**.

Répétez 3 fois de ** à **. Montez la bague sur son anneau (voir p. 5).

SHIVA

13

Shiva vue de profil

Préparez un motif Yashoda (§ 1 à 12).

13 Passez dans 3 B, 1 C, 3 B et dans les 5 B de l'angle : vous arrondissez les angles. Répétez 3 fois et procédez au montage (voir pp. 6 et 7).

MAÏTREYA

13 Suivez les § 1 à 12, mais remplacez les 12 A centrales par 12 B.
Passez dans 3 B, 1 C, 3 B et dans les 2 premières et les 2 dernières B de l'angle (en tendant le fil, vous accentuez l'effet pointu.
Répétez 3 fois et procédez au montage (voir p. 5).

13

Yarouba, Lemanja, Candomblé

Pour chacun des modèles, il vous faut :

- 1 filigrane avec strass en cristal autrichien réf. 16 104

A • 0,5 g de Delica 11/0

- fil de nylon monofilament (fil de pêche) 0,20, aiguilles n°s 11 et 12

Yarouba

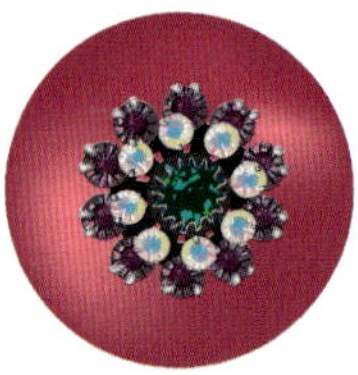

- 1 bouton de nacre à 2 trous de 28 mm
- 1 bouton de nacre à 4 trous de 12 mm
- colle pour verre et métal

D • de 9 à 14 perles « Cathédrale » 4 mm

Voir page 7.

Lemanja

B • 0,5 g de rocaille japonaise 15/0

D • 10 perles en cristal imitation perles fines, réf. 5810, 4 mm

G • 10 perles rondes en cristal, réf. 5000, 4 mm

M • 10 perles en cristal imitation perles fines, réf. 5810, 6 mm

- 1 support de bague en métal à filigrane

Candomblé

- 1 cabochon en verre de 18 mm de diamètre / 7 mm de haut
- un support de bague en métal à filigrane

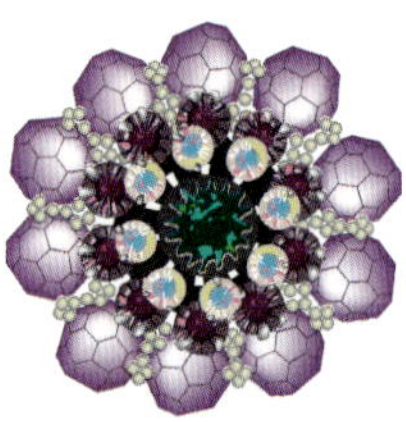

B • 0,5 g de rocaille japonaise 15/0

H • 10 perles en cristal, réf. 5000, 6 mm

Lemanja

1

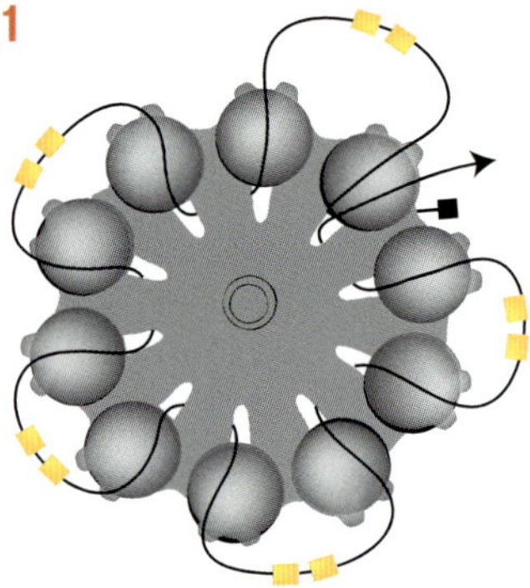

2

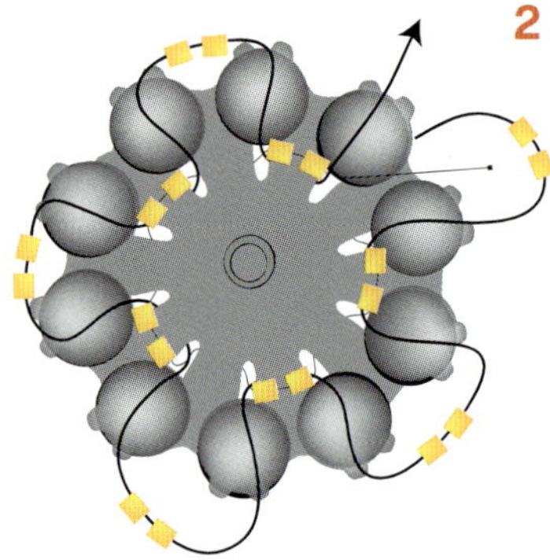

1 Passez dans le 1er trou du filigrane par-dessous, dans le 2e par-dessus ; enfilez 2 A, passez dans le 3e trou par-dessous, dans le 4e par-dessus. Enfilez 2 A, passez dans le 5e trou par-dessous, dans le 6e par-dessus, répétez du 7e au 8e et du 9e au 10e trou : vous obtenez sous le filigrane 5 fois 2 A.

2 Changez de sens et répétez le § 1 : vous avez 20 A. Faites un tour dans ces 20 A.

3

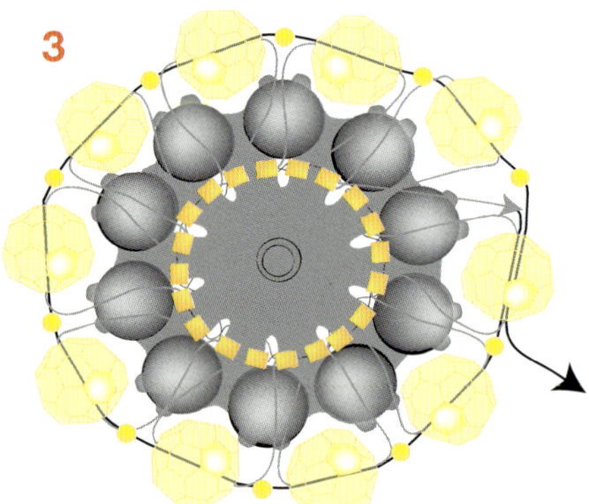

3 Enfilez 1 G, laissez 1 A et passez dans la suivante (10 fois).
Passez dans 1 G, enfilez 1 B (10 fois), passez dans 1 G.

4

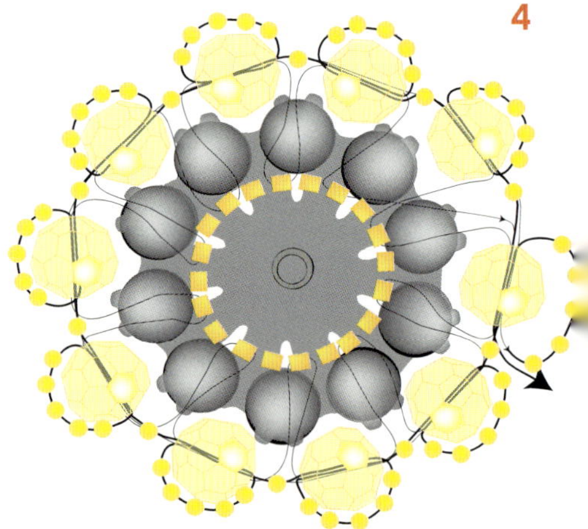

4 Enfilez 5 B et revenez par l'arrière dans la G dont vous sortez, passez dans 1 B, 1 G. Répétez 9 fois.

5

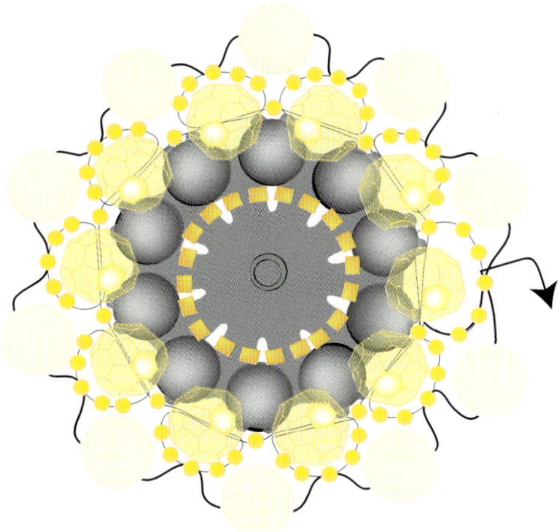

6

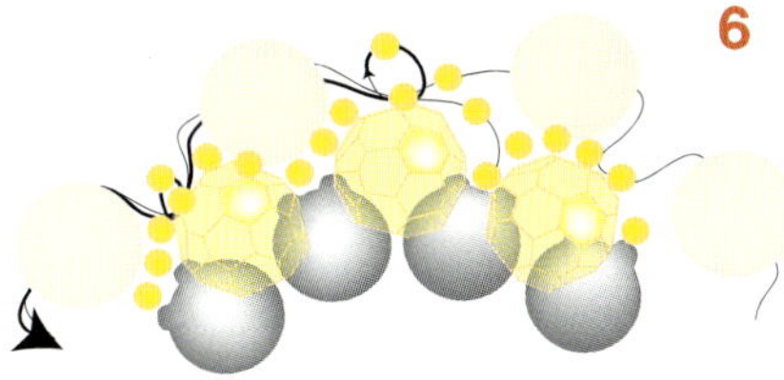

6 Enfilez 1 B, réalisez 1 picot sur 1 B, passez dans 1 D (10 fois).

7

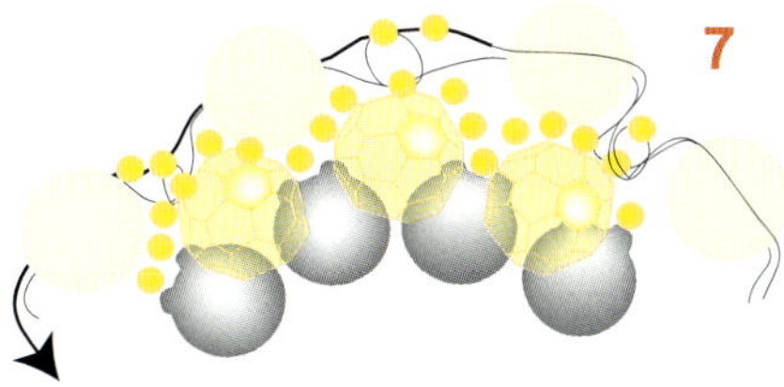

5 Changez de sens et passez dans 3 des 5 B picot qui se présentent ; *enfilez 1 D, passez dans la B du sommet du picot suivant*. Répétez de * à * 9 fois.

7 Enfilez 1 B, passez dans 1 B, 1 D (10 fois).

8

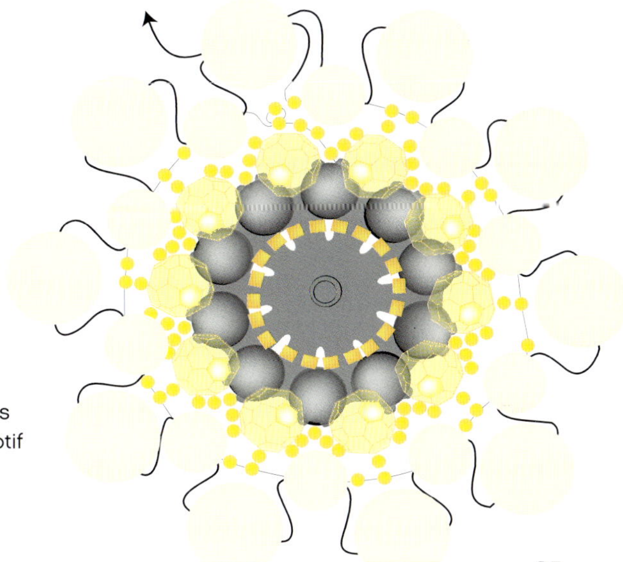

8 Enfilez 1 M, passez dans 1 D (10 fois). Passez dans 1 M. Faites un tour dans les 10 M posées, vous renforcerez encore après avoir fixé le motif sur un anneau en filigrane (voir p. 6).

Candomblé

3

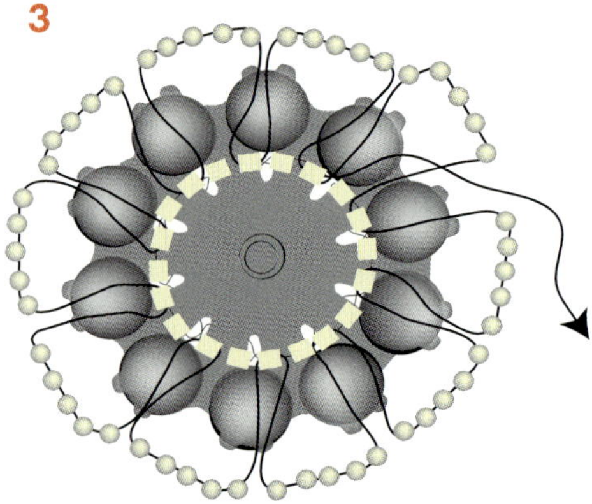

4

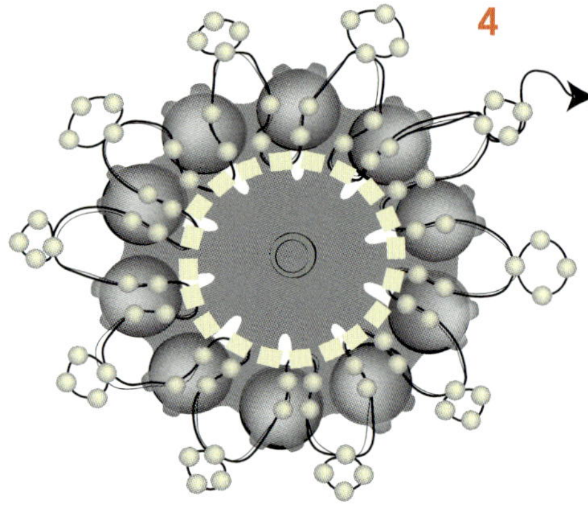

Suivez les § 1 et 2 de Lemanja pour fixer 20 A sous le filigrane.

3 Enfilez 5 B, laissez 1 A et passez dans la suivante (10 fois).

4 Passez dans les 3 B qui se présentent, réalisez 1 picot de 3 B sur la 3e, passez dans 2 B, 1 A (10 fois).
Passez dans 5 B : vous êtes au sommet du 1er picot de 3 B posé à cette étape.

5

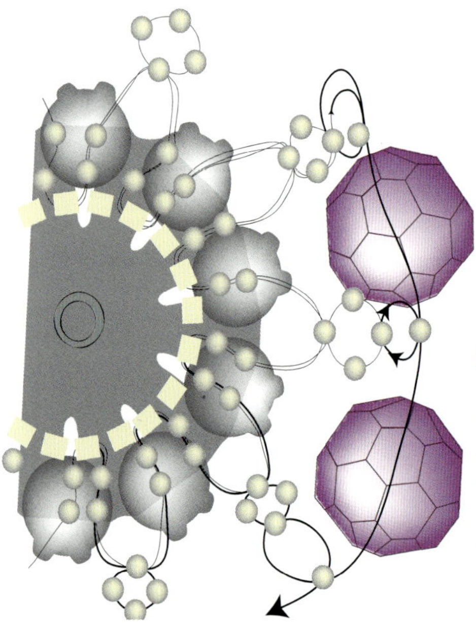

5 Enfilez 1 B, passez dans la B dont vous sortez et à nouveau dans cette B.
Enfilez 1 H, 1 B ; passez par l'avant dans la B du sommet du picot suivant, revenez par l'arrière dans la dernière B enfilée (9 fois).
Enfilez 1 H, passez dans la 1re B enfilée à cette étape.

6

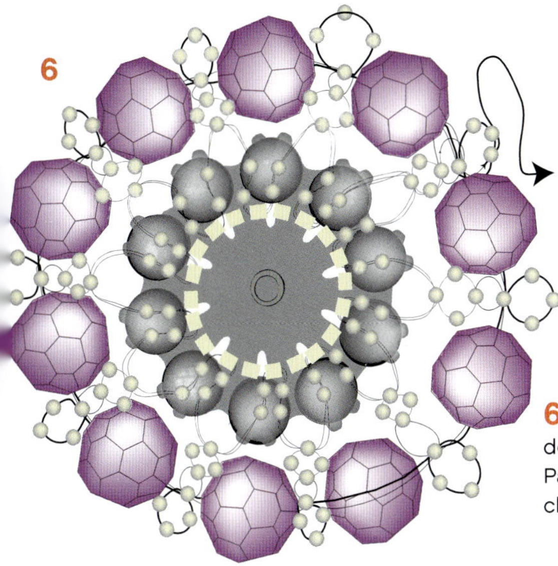

6 Enfilez 3 B et réalisez un picot sur celle dont vous sortiez, passez dans 1 H, 1 B (10 fois). Passez dans les 2 B qui se présentent : vous changez de sens.

7

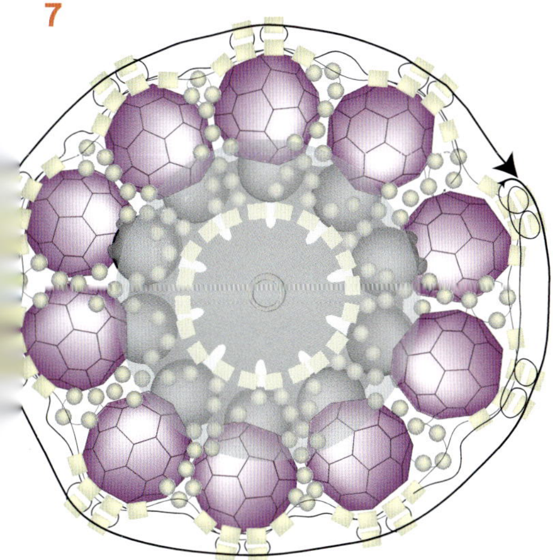

7 Reprenez le § 17 de la bague Tiya et le § 18 de la bague Amon (pp. 54-55).
Passez le fil dans l'ensemble des 20 A que vous venez de poser, mettez le cabochon et enfermez-le en serrant le dernier rang.
Rentrez les fils jusqu'à ce qu'il n'y ait plus de « jeu » et procédez au montage sur anneau (voir p. 6).

Bohaï, Longshaï

Pour chacun des modèles, il vous faut :

C • 10 perles en cristal imitation perles fines, réf. 5810, 3 mm

B • 0,5 g de rocaille japonaise 15/0

D • 10 perles en cristal imitation perles fines, réf. 5810, 4 mm

• 1 filigrane avec strass en cristal autrichien, réf. 62006

• fil de nylon polyfilament (Nymo D ou C-lon), aiguilles n°s 10 et 13

Bohaï

• un support de bague en métal à plateau à broder de 14 mm

Longshaï

• un support de bague en métal à filigrane

M • 10 perles en cristal imitation perles fines, réf. 5810, 6 mm

Bohaï

Ce motif métallique comporte 3 parties réunies par un rivet.

• Fleur en cristal.

• Filigrane à 10 pétales sur lequel vous monterez le motif Bohaï.

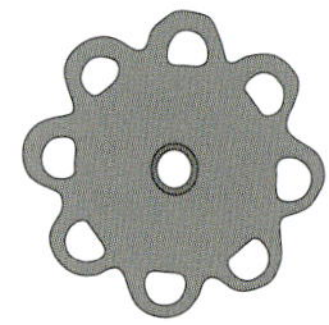

• Filigrane sur lequel vous monterez le motif sur l'anneau.

1

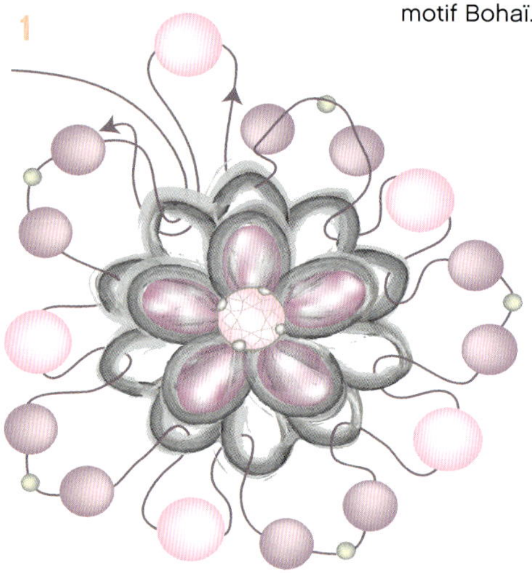

2

1 Passez dans un pétale du filigrane par-dessous, enfilez 1 C, 1 B, 1 C. Passez dans le pétale suivant par-dessus, enfilez 1 D. Passez dans le pétale suivant par-dessous. Répétez 4 fois.

2 Passez dans 1 C, 1 B, 1 C, enfilez 1 B. Répétez 4 fois ; passez dans 1 C, 1 B, 1 C, sous le pétale.

3

3 Passez dans la D qui se présente, enfilez 1 B, 1 D, 1 B (5 fois), passez dans 1 D. Reportez-vous p. 5 pour le montage sur anneau.

• Commencez le motif en suivant les § 1 à 3.

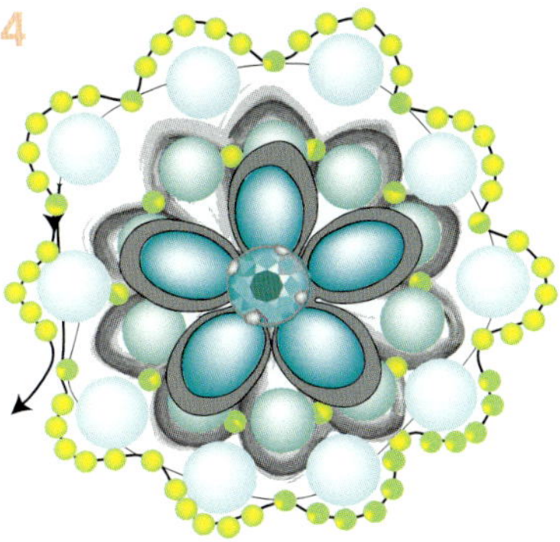

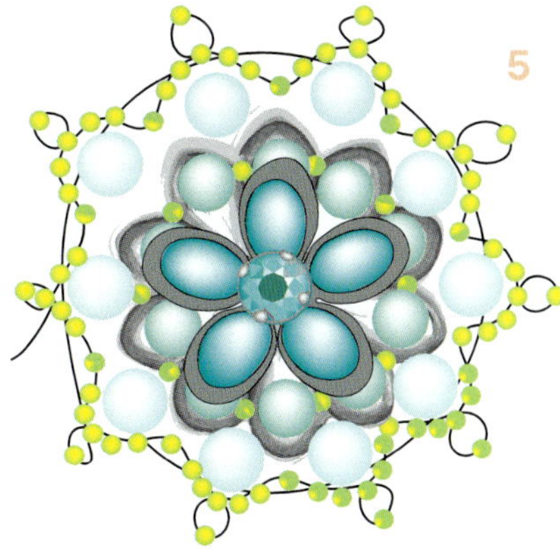

4 Passez dans 1 B, enfilez 5 B (10 fois).

5 Passez dans 4 B, enfilez 1 B, faites un picot. *Passez dans 6 B, enfilez 1 B et faites 1 picot*. Répétez 8 fois.

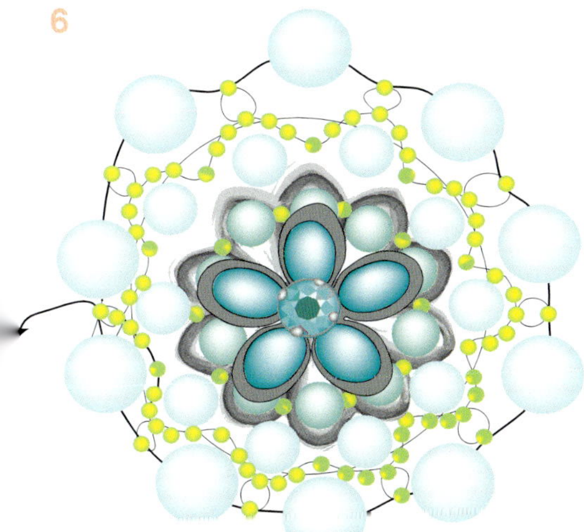

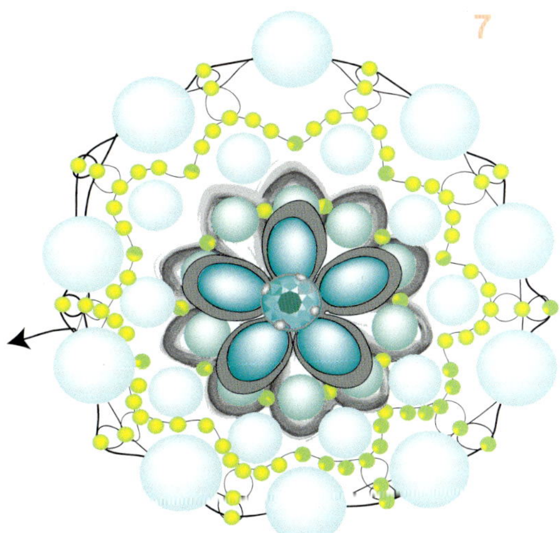

6 Changez de sens pour passer dans le dernier picot posé ; enfilez 1 M, passez dans le picot qui se présente (10 fois).

7 Réalisez un nouveau picot B sur chaque picot. Passez un tour dans l'ensemble des B du dernier rang et des M pour resserrer le motif ; commencez à rentrer les fils pour lui donner de la consistance.
Reportez-vous p. 6 pour le montage sur anneau.

Tehuacan, Itzam, Ahau

Pour chacun des modèles, il vous faut :

- A • 2 g de Delica
- B • 0,5 g de rocaille japonaise 15/0
- C • 30 toupies de 3 mm
- J • 10 bugles 3 mm
- K • 10 bugles 6 mm
- L • 5 bugles 9 mm ou 12 mm
- • fil de nylon polyfilament (Nymo D ou C-lon), aiguilles n°s 10 et 13

Tehuacan

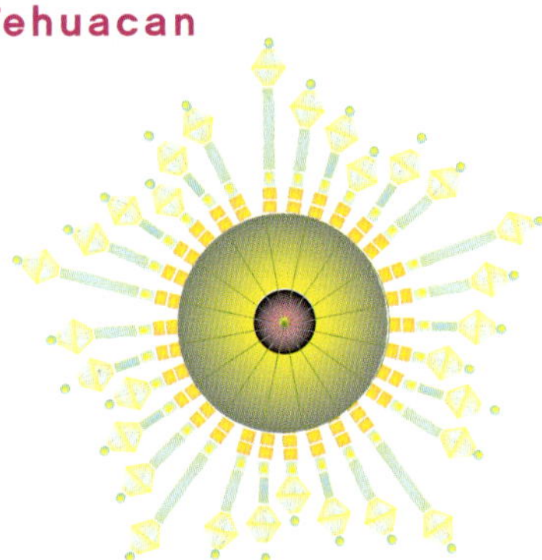

- 1 strass en cristal, réf. 1122 de 14 mm de diamètre
- 1 support de bague en métal avec plateau à broder de 14 mm

Itzam

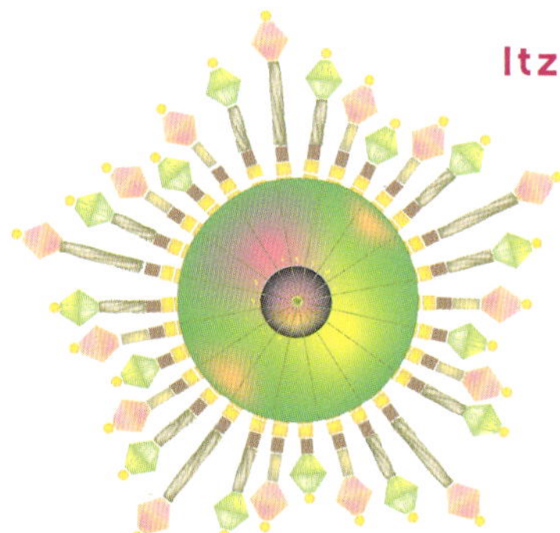

- 1 strass en cristal, réf. 1122 de 16 mm de diamètre
- 1 support de bague en métal à filigrane

Ahau

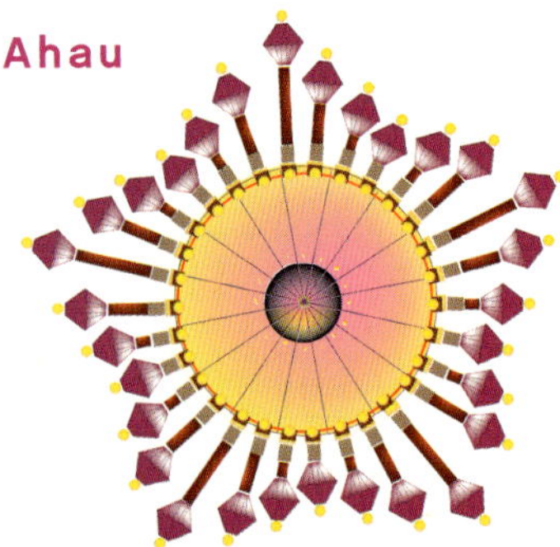

- 1 strass en cristal, réf. 1122 de 16 mm de diamètre
- 1 support de bague à plateau fleur à filigrane

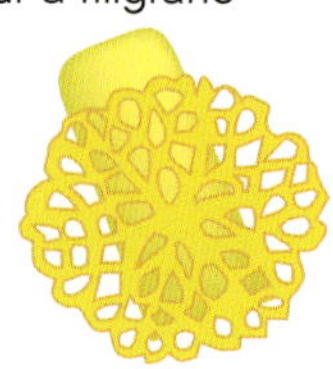

Tehuacan

Préparez le réceptacle du strass central comme suit :

1

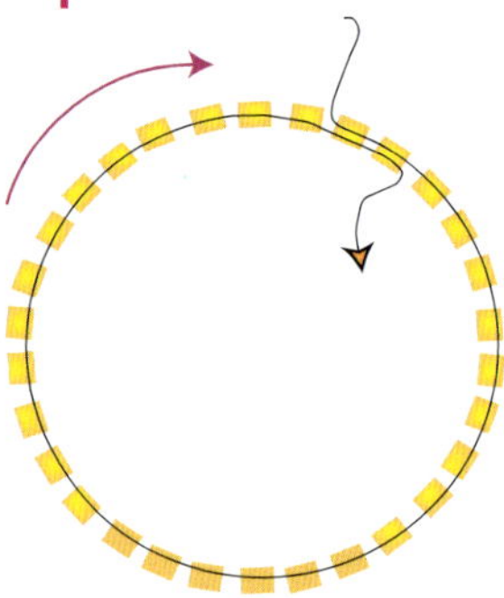

1 Enfilez 30 A, fermez en boucle en passant par l'arrière dans les deux premières.

2

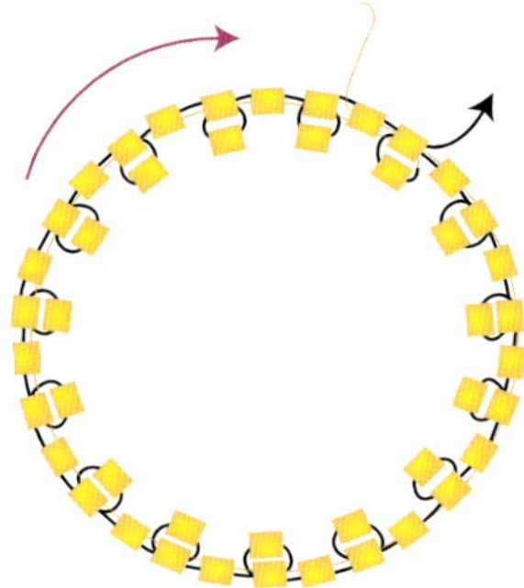

2 Enfilez 1 A, passez dans celle dont vous sortez par l'arrière, passez dans 2 A, répétez 14 fois.

3

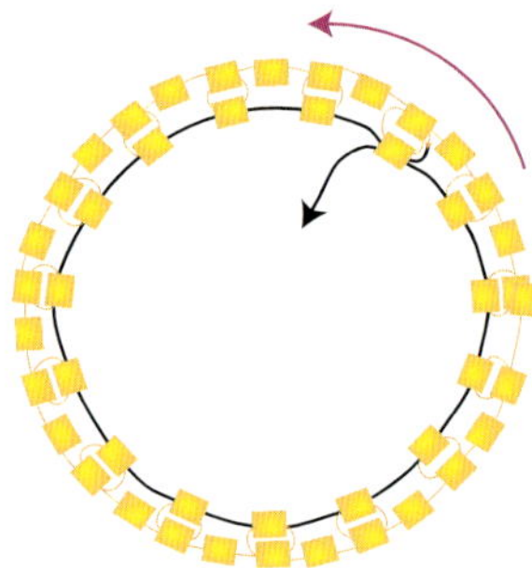

3 En changeant de sens, passez dans le dernier picot, puis dans les 15 suivants (vous passez 2 fois dans le 1er) ; serrez.

4

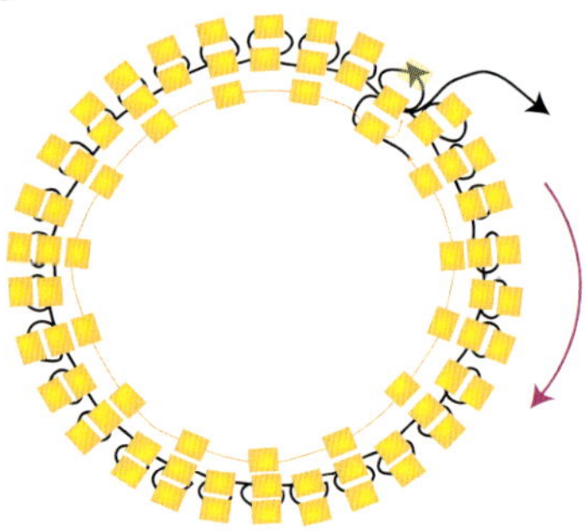

4 Revenez sur le rang de départ (vous changez de sens) et réalisez de la même façon un picot A, cette fois-ci sur chaque A (soit 30 picots).

5

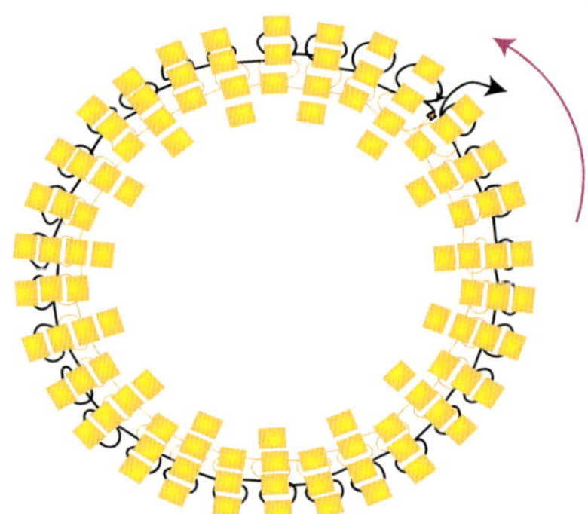

5 Répétez le § 4, 1 fois, en changeant de sens, sans trop serrer pour poser un rang supplémentaire de 30 picots.

6 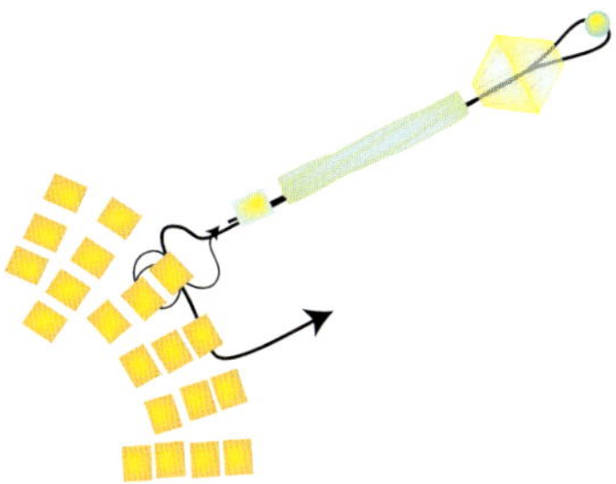

6 Vous allez maintenant poser les rayons. Passez dans la perle picot la plus proche en changeant de sens. Enfilez 1 A, 1 L, 1 C, 1 B. Revenez par l'arrière dans 1 C, 1 L, 1 A, les 2 A picots qui se présentent, tendez doucement mais fermement le fil en tirant sur la B.

7 

7 Enfilez 1 A, revenez par l'arrière dans la A enfilée à l'étape précédente, puis à nouveau dans les 2 A picots, serrez.

8 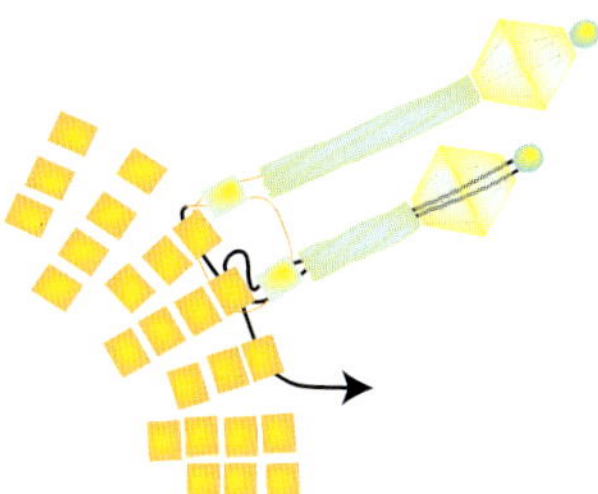

8 Passez dans la A posée à l'étape précédente, enfilez 1 K, 1 C, 1 B. Revenez par l'arrière dans 1 C, 1 K, la A et la A picot supportant le rayon ainsi réalisé, puis dans la suivante.

9 

9 Reprenez le § 7, passez dans la nouvelle A et enfilez 1 J, 1 C, 1 B. Revenez par l'arrière dans 1 C, 1 J, la A, 2 A picots.

TEHUACAN

10

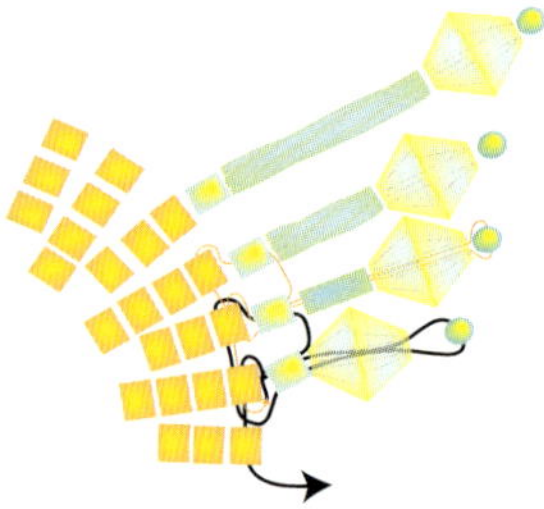

11

12

10 Reprenez le § 7, passez dans la nouvelle A, enfilez 1 C, 1 B, revenez par l'arrière dans 1 C, 1 A, deux A picots.

11 Comme le § 9.

12 Reprenez les § 7 et 8.

13

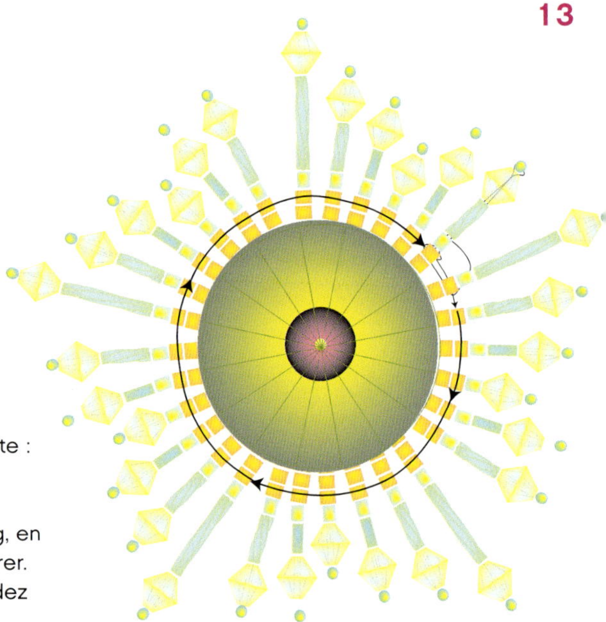

13 Répétez 4 fois la séquence suivante : le § 7 puis les § 6 à 12.
Avec l'aiguille la plus fine, passez dans l'ensemble des picots A du dernier rang, en mettant le strass en place avant de serrer. Sécurisez par un 2e tour de fil et procédez au montage (voir p. 5).

Itzam

13

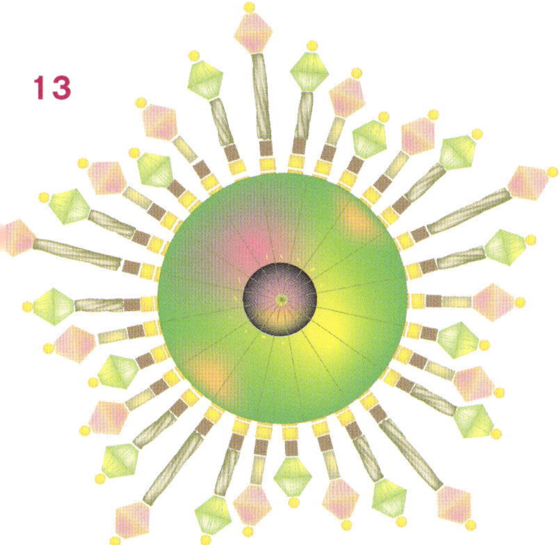

13 Réalisez la base du motif (§ 1 à 5), posez les rayons (§ 6 à 12, puis 4 fois § 6, 7, 8, 9, 10, 11 et 12).

14

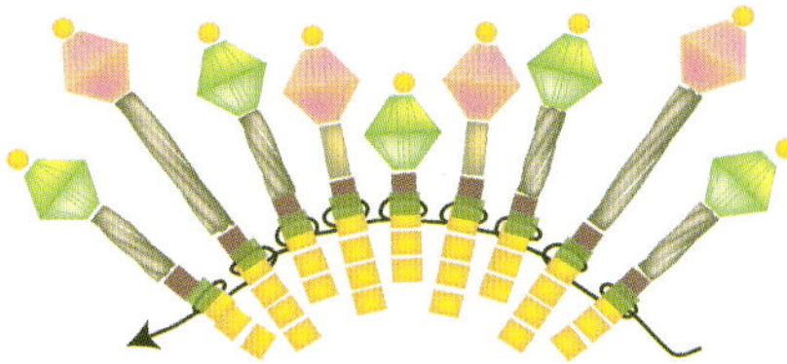

14 Réalisez un nouveau rang de picots A sur le dernier rang de picots.

15

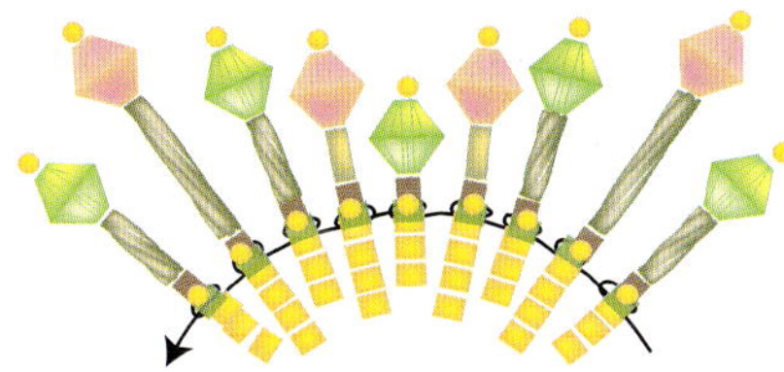

15 Répétez le § 14 avec des perles B, passez un tour de fil, insérez le strass et serrez, renforcez bien et montez le motif sur l'anneau (voir p. 5).

Ahau

15

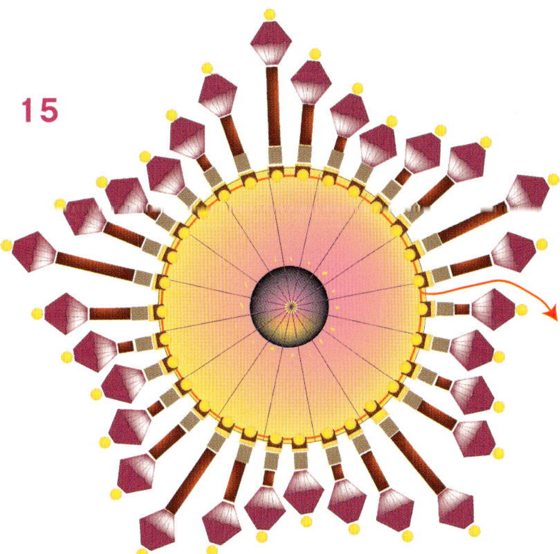

Ahau vue de profil

15 Préparez le motif Ahau : c'est au montage sur la « bague à broder » que vous obtiendrez un plateau concave (voir pp. 5-6).

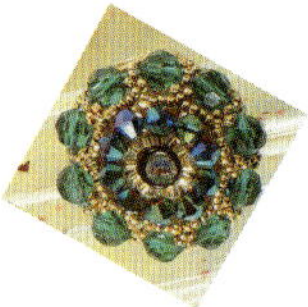

Nout, Philaë, Tiya, Amon

Pour chacun des modèles, il vous faut :

- 1 perle à broder en verre à 2 trous, avec strass en cristal 4 mm ou 1 chaton en cristal avec sertissure à 2 trous 4 mm
- **A** • 2 g de Delica 11/0
- **B** • 1 g de rocaille japonaise 15/0
- fil de nylon polyfilament (Nymo D ou C-lon), aiguilles nos 10 et 13

Nout

C • 10 toupies 3 mm

• un support de bague en métal à plateau, avec grille à broder de 12 ou 14 mm

Philaë

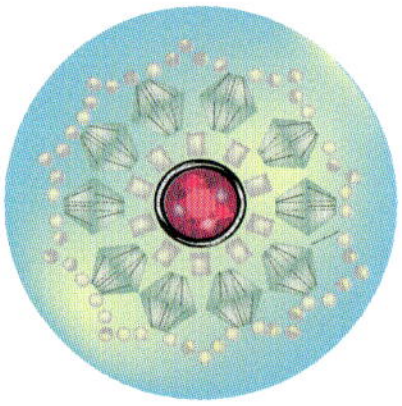

D • 10 toupies en cristal 4 mm

• un support de bague filigrane

• 1 bouton de nacre de 26 mm

Remplacez la perle à broder de 4 mm par une de 4,5 mm

Tiya

D • 10 toupies en cristal 4 mm

H • 10 perles en cristal, réf. 5000 de 6 mm

• 1 support de bague en métal à plateau à broder de 14 mm

• 1 cabochon en verre de 20 mm

Amon

D • 10 toupies en cristal 4 mm

H • 10 perles en cristal, réf. 5000 de 6 mm

• 1 support de bague en métal à plateau, avec grille à broder de 14 mm

• 1 cabochon en verre de 15 mm

Nout

1

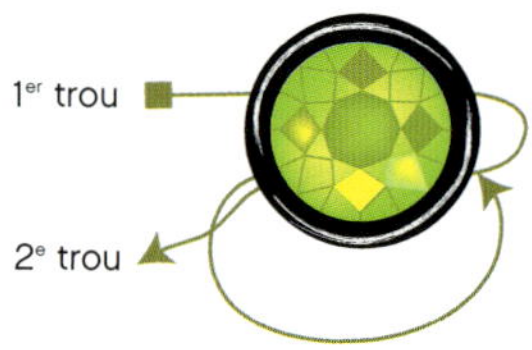

2

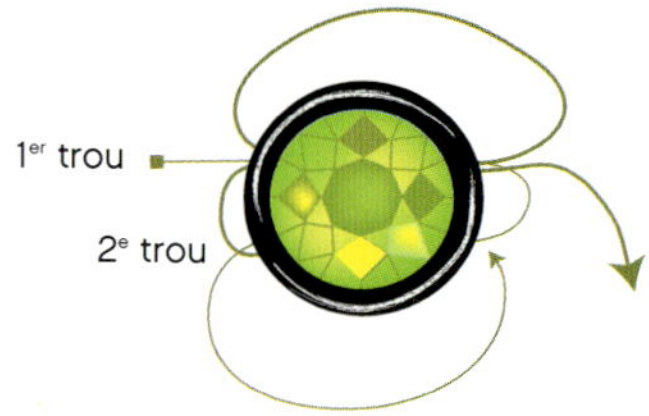

1 Passez dans le 1er trou, dans le 2e, à nouveau dans le 2e par l'arrière ; maintenez le fil de façon à ce qu'il se pose sur le côté de la perle et non dessous.

2 Passez dans le 1er trou, formez une boucle en repassant par l'arrière dans le 1er trou. Répétez les § 1 et 2 pour obtenir un double fil tendu tout autour de la perle.

3

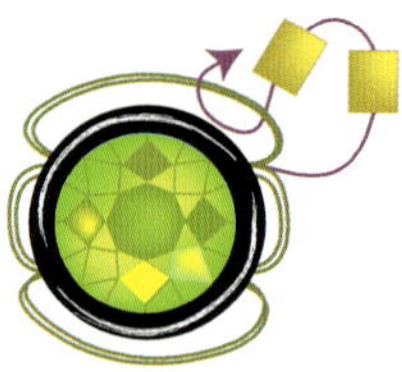

4

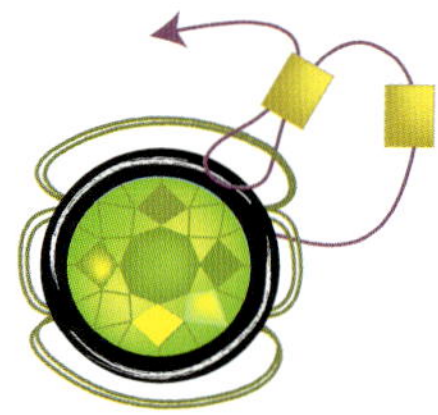

3 Vous obtenez 4 « ponts de fils » ; enfilez 2 A, passez sous le pont de fils le plus grand.

4 Passez dans la 2e A enfilée par l'avant en prenant soin de ne pas piquer dans le fil.

5

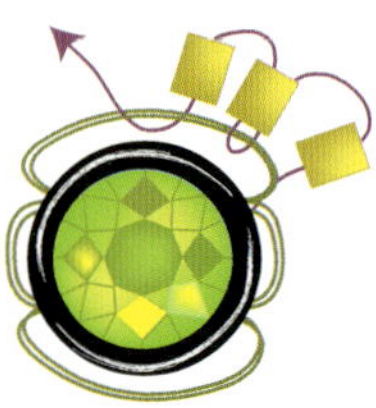

6

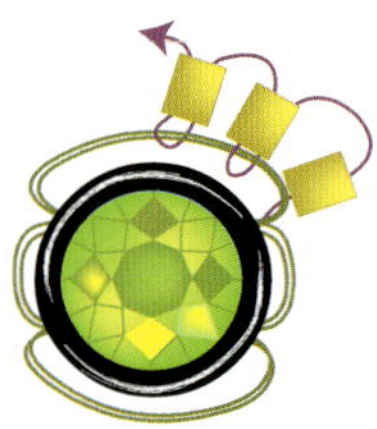

7

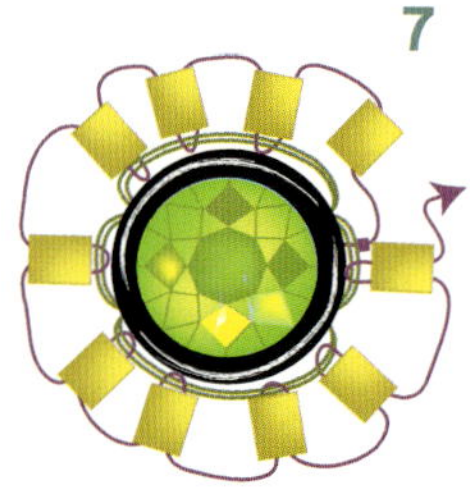

5 Tendez le fil, enfilez 1 A.

6 Revenez dans cette A par l'avant.

7 Répétez les § 5 et 6, 7 fois : vous avez réparti 10 A autour de la perle à broder.

8

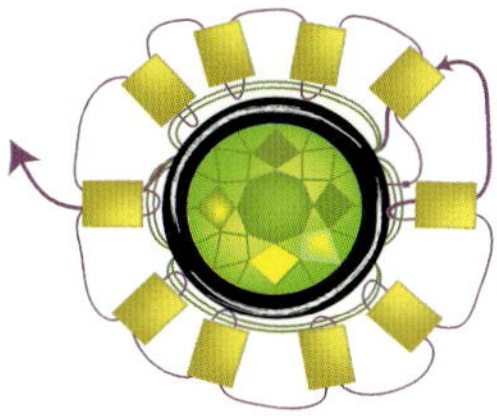

9

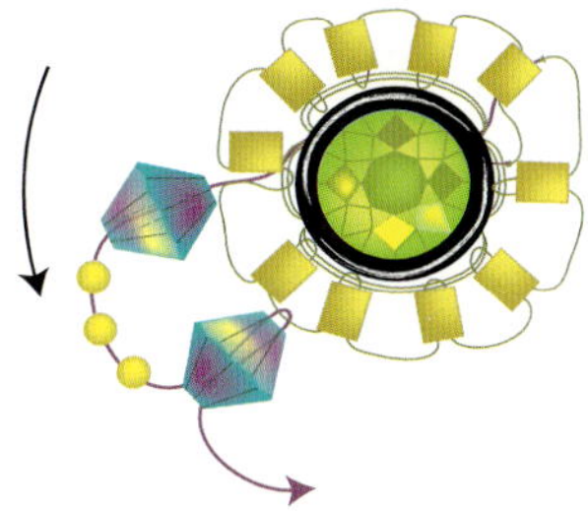

8 Piquez dans la 1re A, passez dans le trou de la perle à broder la plus proche et dans une des 2 A qui se présentent.

9 Enfilez 1 C, 3 B, 1 C et passez sous le 2e pont de fil qui se présente ; revenez dans la dernière C enfilée par l'avant, tendez le fil doucement.

10

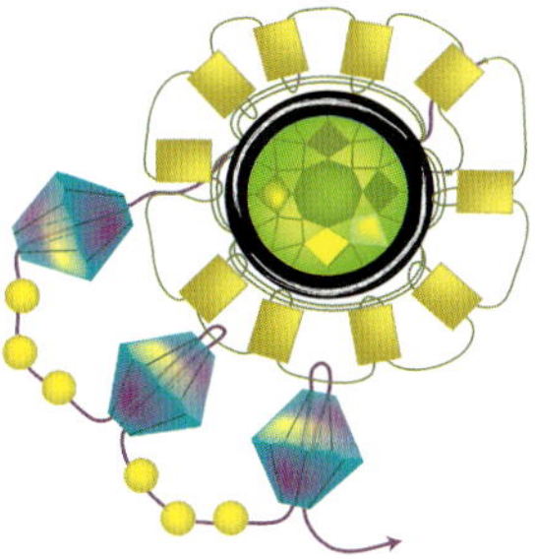

11

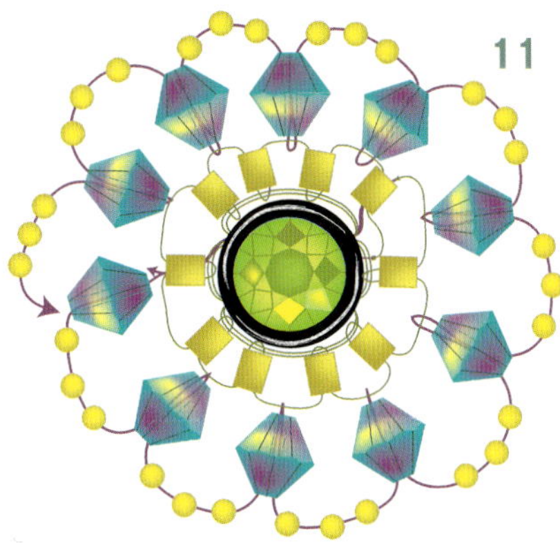

10 Enfilez 3 B, 1 C et passez sous le pont de fil qui se présente. Revenez dans la dernière C enfilée par l'avant, tendez le fil doucement.

11 Répétez le § 10, 7 fois, enfilez 3 B.

Nout

12

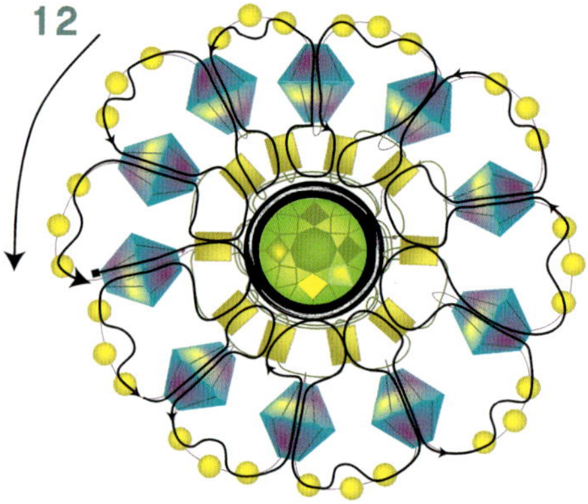

13

12 Passez dans 1 C, 1 A (de l'extérieur vers le centre), dans la A qui se présente (du centre vers l'extérieur du motif) et revenez dans la même C.
Piquez dans la 1re et la 3e des 3 B qui se présentent, serrez doucement : la perle centrale se dispose en pointe.
Répétez 9 fois, fermez dans 1 C.

13 Le motif doit être légèrement bombé ; tirez les picots B de la pointe de l'aiguille pour les mettre en place si nécessaire.
Reportez-vous p. 6 pour les finitions.

Philaë

12

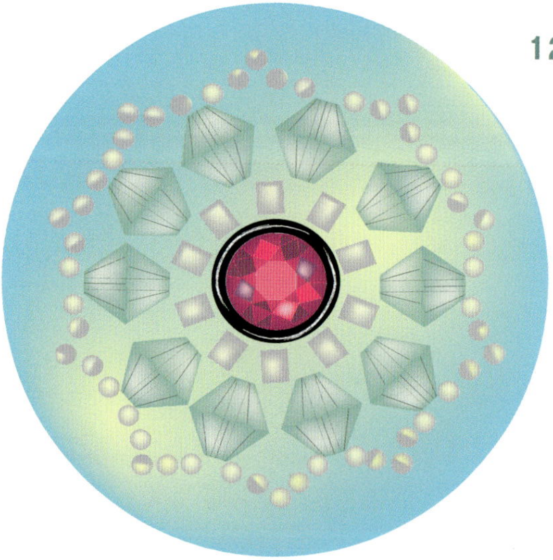

Le motif est similaire à celui de Nout : la perle centrale étant plus large, vous remplacerez les toupies C (3 mm) par des D (4 mm), et les picots de 3B (§ 11 et 12) par 5 picots B.
Pour mettre les picots centraux en place (§ 12), piquez dans les 2 premières et les 2 dernières des 5 B.
Montage sur bouton, puis anneau : voir p. 6.

13

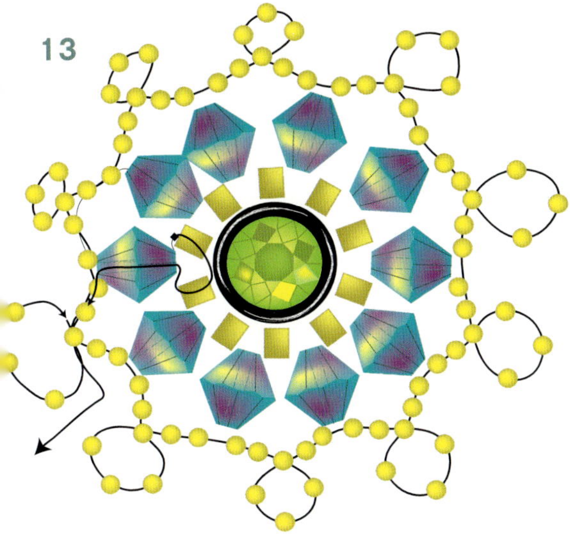

13 Réalisez un motif Philaë : vous sortez d'1 D pour passer dans 1 A de l'extérieur vers le centre, puis dans la A la plus proche du centre vers l'extérieur. Conduisez le fil au sommet du picot de 5 B qui se présente en passant par 1 D, 3 B. *Enfilez 3 B, passez par l'arrière dans la B dont vous sortez, passez dans 5 B*. Répétez de * à * 9 fois.

14

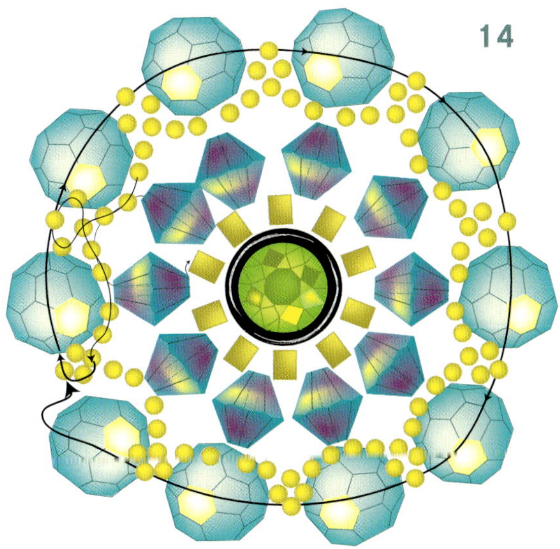

14 En changeant de sens, passez dans 2 B : vous voilà au sommet du picot de 3 B. Enfilez 1 H, passez dans la B de la pointe du picot suivant (10 fois).

15

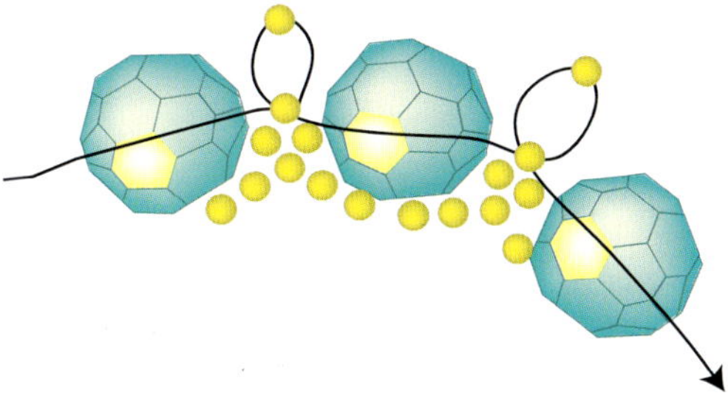

15 Faites un nouveau tour en posant un picot B sur chaque B.

16

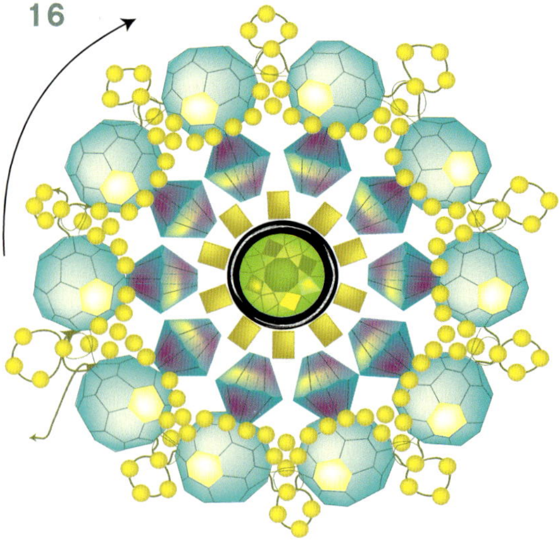

16 Faites un nouveau tour en posant 1 picot de 3 B sur chaque B posée au § 15 : passez dans 1 B, enfilez 3 B, repassez dans la B dont vous sortez, puis dans 1 H et répétez.

17

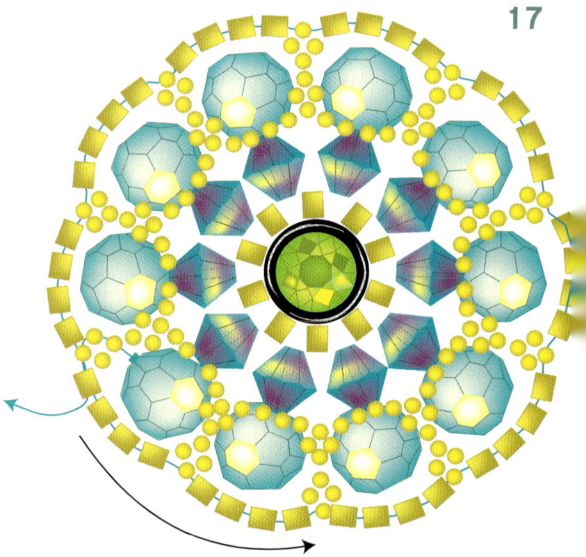

17 Vous sortez d'1 H ; en changeant de sens, passez dans 3 B : vous êtes au sommet d'un picot de 3 B posé au rang précédent. *Enfilez 4 A, passez dans la B du sommet du picot de 3 B suivant*. Répétez de * à * 9 fois.
Tendez bien le fil du dernier rang pour transformer le motif plat en un petit béret dans lequel vous allez insérer un cabochon.

Tiya

18

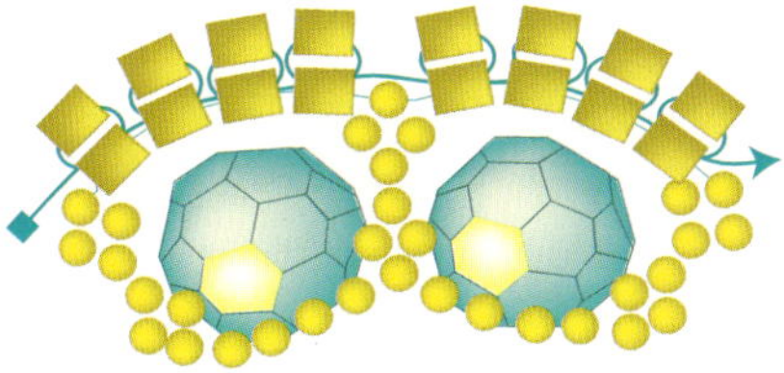

19

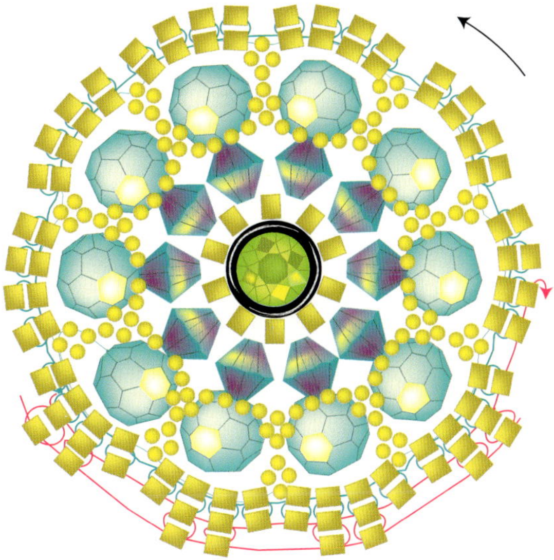

18 Réalisez un picot A sur chaque A, sans passer dans les perles B. Puis faites un tour dans l'ensemble des A du dernier rang, insérez le cabochon et serrez.

19 Ajoutez un picot A sur 1 A, puis un autre picot A sur la A suivante, passez dans 2 A, répétez 9 fois. Passez le fil dans l'ensemble des 20 picots A que vous venez d'ajouter, serrez et commencez à rentrer les fils avant de procéder au montage sur le plateau à broder (voir p. 5).

Amon

18

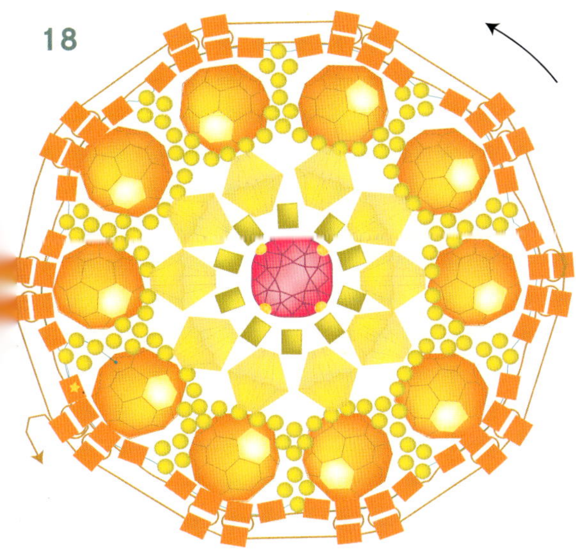

Préparez le motif en suivant les indications des § 1 à 17.

18 Passez dans 1 A. Ajoutez un picot A sur la A suivante, passez dans 2 A, répétez 9 fois.
Passez le fil dans l'ensemble des 20 picots A que vous venez d'ajouter, posez le cabochon et serrez.
Commencez à rentrer les fils avant de procéder au montage sur la grille à broder (voir p. 5).

Remerciements

à Alice, Emmanuelle et Shamina qui ont participé à la réalisation des bijoux,

aux boutiques de détail et de gros qui ont fait avec moi le pari
qu'en Europe francophone, les perles ne sont pas que pour les enfants,
et qui disposent de matériaux dignes de bijoux haute couture :

Daniel et Lili

Puces de la porte de Clignancourt, 93400 Saint-Ouen
Marché Vernaison, stand 6, allée 1
samedi, dimanche et lundi – Tél. : 01 40 12 01 24 – Tél. en semaine : 01 42 02 32 97
Perles, apprêts et galons anciens (1900 à 1980)
http://www.lilietdaniel.com
Gros et détail

Victoria Broad

28, rue de Turenne, 75004 Paris
Tél. : 01 44 59 67 20
http://www.victoriabroad.com
Vente à la boutique et par correspondance de matériaux pour la broderie
(Delica, Magnifica cristal autrichien, 15/0, fil pour tissage, rubans...)
Détail

et à

Moline

1, place Saint-Pierre, 75018 Paris – Tél. : 01 46 06 14 66
qui a donné les tissus pour les fonds des photographies.

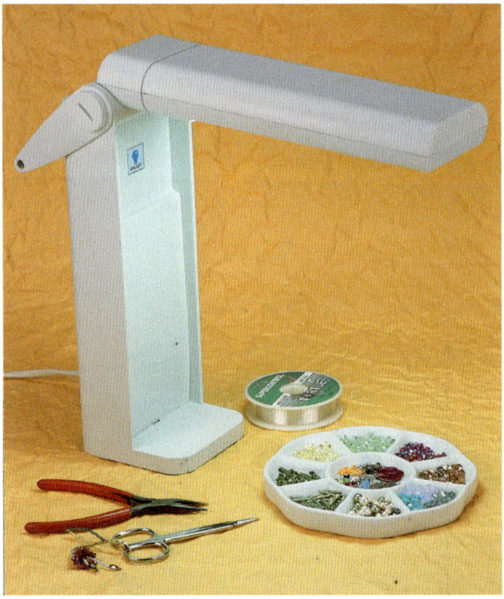

Lampe portative lumière du jour, spécialement adaptée au travail des perles